This book is to be returned on or before the date above.
It may be borrowed for a further period if not in demand.

Essex County Council

GW00541181

TU PODER INTUITIVO

ADVERTENCIA: Los editores no se harán cargo de la responsabilidad derivada de cualquier incidente o accidente que se produzca a raíz de la utilización de las técnicas que se describen en el libro.

ANTHONY BLAKE

TU PODER INTUITIVO

TÉCNICAS Y EJERCICIOS
PARA DESPERTAR TU SEXTO SENTIDO

Ediciones Martínez Roca

Diseño cubierta: Exit
Foto cubierta: Jaume de Laiguana
Ilustraciones interior: La maquineta

© 2001, José Luis González Panizo
© 2001, Ediciones Martínez Roca, S. A.
Provença, 260, 08008 Barcelona
Primera edición: abril de 2001
ISBN 84-270-2674-9
Depósito legal B. 14.136-2001
Fotocomposición: Fort, S. A.
Impresión: A & M Gràfics, S. L.
Encuadernación: Argraf Encuadernación, S. L.

Impreso en España – Printed in Spain

Voy a apagar la luz, para pensar en ti...
Y te intuyo, mirándola a ella.

Capítulo 1

Pero ¿qué es esto?

El sexto sentido: la intuición

Intuición: del latín, *intuitio*

Qué concepto tan curioso: «el sexto sentido». Esta expresión se refiere a una facultad que, desde siempre, se suele atribuir a las mujeres como si fuera patrimonio exclusivo de ellas.

En cualquier caso, lo cierto es que la palabra intuición encierra mucho misterio. Para algunos es atractiva porque suena a «raro», a sobrenatural, a paranormal. Otros, por el contrario, desconfían totalmente de ella. Algunos tal vez recuerdan que, hace tiempo, cuando eran más jóvenes, a veces les ocurrían cosas «raras». Por ejemplo, de pronto pensaban: «Va a ocurrir tal cosa», y al poco tiempo ocurría.

Llamémoslo intuición, sexto sentido, buen olfato, ojo clínico, tener buena mano... siempre se trata de una misma idea. Eso sí, dependiendo de cual de estas expresiones usemos, estaremos mostrando que consideramos esta capacidad como algo positivo (una virtud) o como algo negativo (que da miedo).

Sin embargo, la intuición es un proceso intelectual tan normal como puede ser leer, oír música, etc. Es una facultad de nuestra mente que se manifiesta sin previo aviso. Lo más importante es que nos permite a veces llegar a conclusiones contundentes, sin partir de puntos de referencia a la vista.

La capacidad de intuición y el saber intuitivo se consideran, en líneas generales, cualidades inherentes de la mente. Se acepta pues que es una función cerebral, pero no basada en la razón.

¿QUÉ ES Y PARA QUÉ SIRVE?

Según el diccionario de la Real Academia de la Lengua, la intuición es «**conocimiento inmediato de una cosa sin razonamientos**».

Por otro lado, y desde el punto de vista teológico, se define como: «**visión beatífica**», una de las maneras en que se puede llegar a conocer a Dios o el llamado «**susurro de los Ángeles**». Desde este punto de vista, la intuición tiene el mismo significado que «**revelación**», definida como verdad que supera las capacidades del intelecto.

Es evidente, también, la influencia de la intuición dentro de la filosofía. En la antigua Grecia, algunas escuelas filosóficas dieron gran importancia a este concepto, como es el caso de la pitagórica, basada en la meditación contemplativa de los números, esencia de las cosas. Posteriormente, dentro del estudio filosófico de la intuición, se pueden resaltar tres nombres importantes por sus diversas maneras de entender el concepto: Spinoza, Kant y Henri Bergson. Mientras para Spinoza, la intuición es **la forma más elevada de conocimiento** que existe, Kant la entiende como **parte de una percepción que proporciona la mente por sí sola**. Por último, para Bergson, la intuición es **la forma más pura de instinto**.

Forma elevada de conocimiento..., percepción por sí sola..., puro instinto... Se defina como se defina, qué médico o estudiante de medicina no daría lo que fuera necesario por tener «un buen ojo clínico»; qué hombre de negocios no daría todo con tal de tener «buen olfato para los mismos»...

Las agencias de creatividad y publicidad pagan sueldos altísimos a creativos con este «don» tan especial. También en los deportes, sobre todo los de estrategia, muchas veces es más útil la capacidad de adivinar, de suponer, que unos excelentes reflejos o unas buenas piernas. De un deportista, siempre se ha valorado más su capacidad intuitiva para saber cuándo atacar, cuándo desmarcarse, que otro tipo de atributos. En el caso de los boxeadores, la intuición sobre el golpe que les va a lanzar el contrario le ha valido a más de un campeón mundial el no perder el título o un combate.

Sin salir de casa, ni que decir tiene que los toreros experimentan un alto grado de desarrollo de la intuición por motivos sobradamente conocidos. Tengo la suerte de conocer a varios de ellos y todos recuerdan cómo en mil ocasiones, la percepción intuitiva de los movimientos del toro les ha librado de recibir más de una cornada.

Pero todos nosotros tenemos al menos un momento intuitivo por excelencia en la vida: la infancia. Durante este periodo el ser humano es totalmente intuitivo. Cuando los niños reciben diferentes estímulos auditivos, luminosos, perceptivos o sensitivos, los asocian con diferentes ideas y adoptan determinada actitud ante ellos de forma instintiva.

GRANDES INTUITIVOS

Para este apartado he recogido datos de algunos personajes históricos cuya intuición les llevó a resultados sorprendentes. También incluyo aquí las opiniones de algunos personajes a quienes he tenido la suerte de conocer y por ello me consta que una buena parte de su éxito profesional se ha debido a sus «golpes» de intuición.

ALBERT EINSTEIN

Desarrolló la Teoría de la relatividad, cuya formulación sirvió de base para desplegar toda la estructura de conocimiento de la energía atómica. Cuentan que tan importante teoría se le ocurrió simplemente observando a una persona en el andén de una estación viendo salir un tren y otra en el tren viendo a la persona del andén. Einstein vio lo mismo que nos explican en el colegio para entender su idea.

NIELS BOHR

Diseñó la configuración del átomo, basándose en las propiedades de ciertos minerales, o de algunos elementos de la tabla periódica. Intuitivamente, diseñó el modelo que todos conocemos de un núcleo rodeado de varias órbitas alrededor de ese núcleo.

LEE IACOCCA

Es un gran directivo estadounidense, licenciado en ingeniería industrial. Gracias a su enorme intuición sobre los gustos de los consumidores, Iacocca ideó el modelo Mustang en 1964, que batió todos los récords de ventas. Fue presidente de la empresa de automóviles

Ford, entre los años 1960 y 1978. En 1979 fue contratado como presidente y director ejecutivo de la Chrysler. Su monovolumen, diseñado en 1984, fue uno de los vehículos más vendidos en Estados Unidos. Es uno de los ejecutivos mejor pagados de su país. Se jubiló en 1992, pero sigue perteneciendo al comité ejecutivo de la Chrysler.

JOSÉ ANTONIO MÁRQUEZ

Tiene treinta y siete años y es director general de Nokia España desde hace siete. No tiene ningún título académico pero los títulos de empresa se le amontonan en el despacho. Junto con un equipo de tan sólo veintiséis personas en el año 2000 consiguió una facturación superior a los 100.000 millones de pesetas. Trabajaba como ejecutivo para una empresa informática hace doce años, cuando le ofrecieron trabajar para una empresa que vendía un extraño aparato que pesaba seis kilos y costaba 600.000 pesetas: el primer teléfono móvil. Lo abandonó todo por esta aventura.

Esto es lo que me respondió José Antonio cuando le pregunté cómo o dónde siente la intuición: «**En el corazón, siento una especie de sensación de vértigo. Una sensación que no puedo dejar pasar, no tengo ninguna duda**».

José Jiménez Latorre

Es director general de recursos humanos de Ebro, Azucarera Española y fue director general de recursos humanos de la empresa norteamericana Foster Weeler.

Le pregunté cómo percibe el golpe intuitivo y me contestó lo siguiente: «**Durante una entrevista, siempre surgen una o dos preguntas, a las que llamo las "preguntas de la verdad", esas en las que no tiene sentido mentir, el tono de la respuesta, me da la clave del resto de la conversación**».

Pelayo Rubio

Es creativo de publicidad. Los ministerios de turismo de Cuba y Brasil le han confiado sus últimas campañas publicitarias.

¿Qué es para él la intuición y cómo la siente?

«**Esa imagen, esa frase que sirve para crear una campaña de éxito y que surge de algún pliegue oculto del interior, excitada por la intuición y alimentada por el trabajo... te transforma durante una décima de segundo en inmortal, en inabordable, en un héroe que se ha salvado a sí mismo..., que va a crear dividendos a la marca y a la agencia.**

»La intuición que acierta es un fogonazo en el pecho, un golpe de luz interior; es una sonrisa íntima, invisible y callada que sirve para responder a la pasta que te están pagando.»

FERNANDO OCAÑA

Es economista y presidente de la empresa de publicidad FCB-TAPSA. Cuando trabajaba de economista para una empresa, se dio cuenta de que había un hueco, de que faltaba cubrir una necesidad, y fundó, arriesgándolo todo, TAPSA, la empresa de publicidad que ha desarrollado las campañas publicitarias más sorprendentes y exitosas de los últimos años. Frases como «Hola soy Edu, feliz Navidad» o «Curro se va al Caribe», son más que conocidas y usadas popularmente. También realizó la primera campaña de Amena, compañía privada de telefonía, que resultó ser una de las más rentables de los últimos años. El tema musical del spot, la canción «Libre» de Nino Bravo, en versión de El Chaval de la Peca, no sólo fue un éxito, sino que catapultó a este intérprete a los primeros puestos de las listas de éxitos. ¿Cómo, dónde, siente la intuición?

«Se me agarra al estómago, me revuelvo en la silla cuando oigo la propuesta. Pero también es cuestión de saber elegir a las personas adecuadas para cada labor específica.»

Es matador de toros.

«Al ver salir al animal, (el toro) muchas veces, te dice, te provoca cómo enfilarlo.»

JORGE ARQUÉ

Es presidente de Videomedia, productora privada de televisión. Trajo por primera vez a España el formato televisivo de El Precio Justo en sus primeras temporadas.

Una de sus primeras intuiciones la tuvo respecto a la canción «Charly» del grupo Santabárbara. Ninguna productora fonográfica quiso la maqueta. En contra de todas las opiniones, arriesgó todo su patrimonio en la producción del disco. Con la excepción de Estados Unidos e Inglaterra, el tema «Charly» fue número uno en todos los países del mundo.

¿Cómo siente la intuición?

«La intuición es como el placer, como el gusto, no se puede medir.»

JOSÉ MARÍA IRISARRI

Es socio y consejero delegado del grupo multimedia Árbol, a cuyo grupo pertenece la productora de televisión Globo Media.

Provenía de un grupo de empresas relacionadas con el mundo de la medicina, pero, un día, un artista cómico lo llamó para que se uniera a una extraña aventura: dirigir una productora de televisión. Aquel artista era el mismísimo...

EMILIO ARAGÓN

Durante los últimos ocho años, ha colocado a la productora a la cabeza de las productoras televisivas, en producción y medios. Nadie relacionado con la industria creía en la posibilidad de la proyección internacional de los productos televisivos españoles pero él apostó por ello. La expansión en Sudamérica, primero de Globo Media y posteriormente del Grupo Árbol, puede calificarse de espectacular.

¿Qué es, para él, la intuición?

«Es un tema de piel, es química, otro día es el tono de voz de mis interlocutores. Te encuentras confortable.»

GERMÁN ÁLVAREZ BLANCO

Fue corresponsal de France Press durante ocho años. Periodista, director de *Sábado Gráfico*, director de cine y teatro, director-guionista de las series de televisión La ley y la vida y La casa de los líos, protagonizada, esta última, por Arturo Fernández.

«**Para mí la intuición es arriesgar, haciendo una apuesta, por una opción.**»

Dr. Alfredo González Panizo

Es jefe del servicio de neumología I del Hospital Central de Asturias en Oviedo. Es muy difícil hablar de mi hermano mayor. Adoro y respeto no sólo a la persona, sino al profesional que hay detrás. Para esta recopilación, no me he querido fiar sólo de lo que yo puedo ver pues la pasión puede cegar. Recabé información entre sus colegas y la respuesta fue unánime: «Tu hermano, no sólo sabe y estudia una barbaridad, sino, que, además, tiene uno de los más increíbles ojos clínicos que conozco y, curiosamente, no sólo para los pacientes de su especialidad, sino que, en algunas otras especialidades, le he visto ofrecer una más que discreta observación, y dar de lleno en el clavo». (Palabras del doctor Jaime Martínez).

¿Qué es la intuición para mi hermano?

«**Es la suma de conocimientos lógicos que se manifiestan. Es como una autoafirmación.**»

Es periodista y presentadora de televisión, compañera de fatigas en muchos trabajos en común. Es una de esas personas «guapas» por fuera y por dentro. Esta buena amiga me escribió unas líneas sobre la intuición «para que yo sacara los trozos que quisiera». Lo que escribió es tan bello, que no he querido tocar ni una sola de sus palabras. Hubiera sido una barbaridad.

Como siempre la pregunta era: «Teresa, ¿qué es para ti la intuición?, ¿cómo o dónde la sientes?».

A SOLAS, POR LA NOCHE

¿Intuición? No, no voy a definirla como «es ese sexto sentido que...» y mucho menos la explicaré de la forma clásica y ortodoxa de «esa íntima capacidad que tenemos para percibir...» o «la facultad que surge para prever situaciones...» No, no puedo hablar de ella así. Sería como si a mi amiga más fiel, respetada y querida la describiera con vestidos de alta costura y joyas cuando en realidad va en vaqueros, despeinada y cómoda para acompañarme por ese largo viaje que es mi vida. Sí, mi intuición es esa callada compañera de coche cuya voz surge de repente desde el asiento de atrás para indicarme que se acerca tal curva o que atienda a esa señalización por si me paso algún desvío... Y no creo que sea ni maga ni vidente sólo que debe atender a ciertos datos que me pasan desapercibidos y entonces ella elabora y me comunica su opinión. A veces me ha fallado, sí, pero siempre espero lo mejor de ella. La necesito porque me hace sentirme segura. Me encanta porque la intuición casi siempre opina con certeza. La adoro porque me ha ayudado a conocer y a querer a mis amigos. Y, como periodista que soy, no he conocido mejor compañera de trabajo.

TERESA VIEJO

DISTINGUIR LA INTUICIÓN

Siempre recordaré el día en que mi hermano Paco, después de unas vacaciones de verano, me llamó por teléfono, y en el mismo momento en que oí su voz, una fugaz imagen vino a mi mente. La conversación no pudo ser más escueta:

Paco: Hola, hermano, acabo de llegar.
Yo: ¿Y cuándo te marchas?

De pronto me vino a la mente la viva imagen de mi hermano, viviendo en un lugar hermoso, con mar, playa y un clima espléndido. Fue tremendo.

Mi hermano es mayor que yo y aquella imagen estaba muy reñida con su vida diaria en Madrid, radicalmente opuesta a lo que yo estaba viendo. Sin embargo la imagen era absolutamente **real**.

La respuesta de mi hermano fue inmediata: «Qué tonterías dices, lo he pensado allí un par de veces, pero ni lo pienses, José Luis, eso es imposible, a estas alturas de mi vida, ya no puedo».

Han pasado dos años de esta conversación y desde hace seis meses mi hermano Paco vive en una maravillosa isla de clima tropical a unas pocas horas de avión de España.

Y continúo con las anécdotas familiares. Mi padre, por el que profeso una profunda admiración y respeto, era una persona que no dejaba traslucir fácilmente sus sentimientos. Recordaré siempre su cara con un gesto de paz y bondad que difícilmente dejaba ver si estaba preocupado o cansado. Sin embargo, recuerdo un comentario muy especial de mi madre:

Tu padre, como todos los días, llegaba a casa, nos besaba a todos, sacaba su paquete de «caldo de gallina», y simplemente viéndolo fumar, sabía si le ocurría algo.

Mi madre nunca fue capaz de explicar por qué. No sabía exactamente qué ocurría, pero sí sabía que «algo» ocurría. La verdad es que siempre tuve, durante toda mi infancia, la sensación de que mi padre y mi madre se entendían por los ojos.

Otro caso de conexión entre miembros de una familia le ocurrió a una mujer que conozco. Tenía a su bebé de poco más de un año ingresado desde hacía semanas en una clínica. Nada podía hacer pensar en un fatal desenlace y, sin embargo, una noche, a las 3 de la madrugada, se despertó sobresaltada diciendo: «El bebé se acaba de morir». Desgraciadamente, así había sido; a las 3 de la madrugada exactamente, el bebé había fallecido. Nada apuntaba a su fallecimiento, y, sin embargo... ella lo supo. Me atrevería a calificar esta situación como «eso» que la gente llama cordón umbilical: algo entre el bebé y la madre que nunca desaparece.

El objetivo de lo que estás leyendo es hacer posible «despertar» tu intuición. Tengo la certeza de que es posible.

- **¿La intuición me convierte en una persona rara?**

Si hoy consideras que no eres una persona rara, el desarrollo de tu intuición no te va a cambiar en ese aspecto. Pero yo no tendré la culpa de que si ya eres raro, seguramente después de leer este libro sigas siendo raro. ¿O quizá no?

- **¿Cómo saber si es intuición o es me gustaría?**

De lo que queremos a lo que nuestro «yo» nos dice, puede haber una gran distancia. No seas listillo, conoces de sobra esa diferencia, y después de esta lectura, no tendrás dudas al respecto nunca más.

- **¿Hay corazonadas seguras?**

  Muy raras, por no decir únicas son las corazonadas del casino. Recuerda que tú juegas a uno de entre 37 números (del 0 al 36), juegas contra 36 números y la casa, la banca, el casino, juega con 36 números contra uno.

- **¿Para qué sirve la intuición?**

  ¡¡IMAGÍNATELO!! A medida que nuestra intuición se manifiesta, aumenta nuestro sentido de la ética. **La intuición es ecológica.** También nos aporta información, y **quien tiene la información, tiene el poder.**

- **¿En dónde está mi intuición?**

  Dentro de ti, en estado latente.

- **¿Qué tontería es eso de la intuición femenina?**

  No es ninguna tontería, es real, y no es exclusiva de las mujeres, aunque ellas tienen una mayor facilidad para usarla.

- **¿Se puede recuperar la intuición?**

  Sí, todavía nos quedan restos de información de la etapa de comunicación no verbal.

- **¿Qué tipo de actividades me pueden ayudar a desarrollar, de nuevo, mi intuición?**

Es importante hacer algo de ejercicio y realizar actividades que estimulen la creatividad, estimular y agudizar los sentidos, mantenernos más conscientes de nuestro estado de alerta. La práctica de un deporte, o un cursillo de pintura, son muy útiles para quienes quieran hacer renacer de nuevo esa función.

- **¿Por qué nos ha fallado a casi todos?**

  Por falta de uso, y sobre todo por desconfiar de uno mismo, por comodidad, apatía, etc., y, especialmente, porque «la realidad no está para bromitas».

- **¿Pesa más la intuición o la confianza en mí mismo de que conozco más al jefe por experiencia de años a su lado que por los pálpitos que me da tal o cual situación?**

  Sería cuestión de analizarlo, pero habrás notado algo «diferente» o «raro» en los movimientos de tu jefe para que eso te ocurra. Ojo, esto no es una respuesta, es sólo una posibilidad.

- **¿Debo permanecer en este trabajo, o me arriesgo a esta oferta que me han hecho de una compañía que acaba de empezar y puede quebrar?**

  Desde un punto de vista objetivo: ¿sabes? o ¿no sabes?

EL MIEDO A LA INTUICIÓN

El objetivo de este libro es mejorar tu vida. La experiencia de aquellos que nunca perdieron la intuición y la de quienes la supieron recuperar muestra que triunfaron en sus empresas, fueran del tipo que fueran, de manera definitiva. «Simplemente» se fiaron de sí mismos, tuvieron fe en ellos mismos. Los contenidos informativos que vas a obtener en los próximos capítulos te proporcionarán la tranquilidad que da la seguridad.

La intuición es una función psicológica «sintética» con la que absorbes la totalidad de una determinada situación. Nos ayuda a sintetizar datos aislados de información y experiencias, dentro de un mismo cuadro, dentro de una misma fotografía. Consiste en una percepción global de la realidad, que supera las vías racionales del conocimiento.

El proceso intuitivo es muy rápido y ayuda al individuo a conocer, casi al instante, cuál es el mejor camino a elegir. La síntesis intuitiva agrupa gran cantidad de tareas y detalles al mismo tiempo.

La intuición está en todas las decisiones. Es un elemento vital en toda decisión, incluso en aquella basada en los hechos más concretos.

Los métodos analíticos racionales sólo pueden calcular o medir lo que conocen, los datos. Intuir significa observar, tener en cuenta, lo desconocido, lo incalculable.

En suma, **la intuición no es un proceso irracional**. Se basa en un profundo conocimiento de la situación. Es un fenómeno complejo que dibuja, relata un acontecimiento, un «flash», desde el almacén de nuestro conocimiento en el subconsciente y con raíz en nuestros recuerdos. Es rápido y sin prejuicios, al contrario que las decisiones racionales.

Neurocirujanos y altos ejecutivos no usan siempre la intuición. Pero cuando los datos no les dan una respuesta clara, estos profesionales tienen la «misteriosa» habilidad de sentir qué es lo que se debe hacer y el coraje de llevar a cabo sus convicciones con decisión.

DATOS DESDE LA HISTORIA Y PARA LA HISTORIA

Un equipo de neurofisiólogos italianos, los doctores Vittorio Gallese, Giacomo Rizzolatti y sus colegas de la Universidad de Parma, han identificado un nuevo tipo de neuronas. Estas neuronas están activas cuando sus poseedores están realizando una determinada tarea, algo nada extraordinario. Pero lo más interesante es que las mismas neuronas reaccionan cuando la persona ve a alguien realizando la misma tarea. El equipo ha bautizado a estas nuevas células nerviosas, como «neuronas espejo», ya que parece que reaccionan por simpatía, reflejando o quizá simulando las acciones de otros. Están localizados en una parte del córtex pre-motor, cuya actividad está relacionada con la planificación y realización de movimientos.

En los experimentos realizados con macacos, cuando el mono veía al experimentador coger un determinado objeto de una bandeja, en esta área cerebral se producía una reacción, lo cual no sucedía al ver el objeto en la bandeja. Cuando el mono cogía el mismo objeto, las mismas neuronas entraban en reacción.

Actualmente prestigiosos filósofos como Daniel Goleman defienden la llamada «teoría de la simulación». Según esta idea, el lenguaje, la comunicación verbal, la telepatía, están basadas en que las personas entienden qué pasa por la mente de otro, reproduciendo, imitando lo que el otro está pensando, sintiendo o actuando, esencialmente, «poniéndose en los zapatos del otro».

El descubrimiento de las «neuronas espejo» refuerza esta preciosa teoría. «Resulta tentador», dice Gallese, «tener una evidencia preliminar de algo que va más allá del mecanismo neuronal.» ¿Puede esto explicar cómo es posible sentir lo que sienten otros? Lenguaje, aprendizaje imitativo y telepatía, parecen habilidades humanas inconexas, pero se ha visto que pueden estar conectadas a través de estas curiosas células nerviosas. «Son todas habilidades humanas. Misteriosas habilidades», dice el investigador. «"Las neuronas espejo" pueden darnos la clave.»

¿Quieres mejorar tu vida? Continúa leyendo este libro.

¿Quieres crecer por dentro? Continúa leyendo este libro.

¿Quieres tener un concepto de ti mismo más alto? Continúa leyendo este libro.

Si alguna de las respuestas anteriores ha sido «NO», cierra ahora el libro y no pierdas más tu tiempo: o ya eres totalmente intuitivo y no necesitas mejorar más, o el tema no te interesa, o estás muerto. En cualquier caso, si has dicho «NO», devuelve o regala el libro, al menos, su siguiente dueño tal vez pueda sacarle provecho.

Lo que sigue fue pensado para ayudar a tu desarrollo interior y es producto de años de trabajo y experiencia. Personalmente me ha servido de manera crucial.

¿Te atreves a hacerte cargo de ti mismo con seriedad y responsabilidad? ¿Te atreves a creer que eres mucho mejor de lo que piensas? ¿Te atreves a pensar y a reconocer que el secreto está y ha estado todo este tiempo dentro de ti en estado latente?

———

Intuición: podría ser una perfecta y hermosa respuesta que pudiera explicar «el movimiento perpetuo»

———

Capítulo 2

Sólo la mitad no sirve

El instrumento que vamos a «adiestrar» es el cerebro. Por fuera parece una nuez. Es rugoso y está dividido en dos mitades iguales llamadas hemisferios, o popularmente, cerebro derecho y cerebro izquierdo. Cada mitad tiene una estructura simétrica, dos lóbulos que emergen desde el tronco cerebral y zonas sensoriales y motoras.

Los neurólogos han estudiado muy bien las capacidades sensoriales y motrices de cada hemisferio y atribuyen a cada uno diferentes funciones o habilidades. Al hemisferio derecho, se le atribuyen las facultades o habilidades relacionadas con las ensoñaciones y la imaginación; y al hemisferio izquierdo las habilidades motrices y lógicas. Ciertas funciones intelectuales son desempeñadas por un único hemisferio, otras se llevan a cabo por los dos.

Dependiendo de la orientación que hayas dado a tu vida, es decir, en función de tus inclinaciones en los años escolares, en el bachillerato o en la universidad, habrás elegido estudios de ciencias o letras. Es evidente que tu vida ha tomado determinado rumbo, haciendo que te intereses más por determinados temas que por otros.

Por diversos motivos, la persona de ciencias habrá adquirido mayor destreza en algunas habilidades del hemisferio izquierdo, mientras que la persona de letras habrá desarrollado más algunas habilidades alojadas en el hemisferio derecho. En cada persona uno de los dos hemisferios domina sobre el otro; a este hemisferio se le conoce como el «hemisferio dominante». En casi todas las personas diestras y en muchas personas zurdas, el hemisferio dominante es el izquierdo. Este hemisferio se suele ocupar en términos generales del lenguaje y de las operaciones lógicas, mientras que el otro hemisferio controla las emociones y las capacidades artísticas y espaciales.

Para entendernos mejor podemos considerar que en nuestro cerebro izquierdo se realizan las funciones de:

- Habilidad numérica
- Lenguaje escrito
- Razonamiento, lógica
- Lenguaje hablado
- Habilidad científica
- Control de la mano derecha

En el cerebro derecho se realizan las funciones de:

- Perspicacia
- Sagacidad
- Percepción tridimensional
- Sentido artístico
- Imaginación
- Sentido musical
- Control de la mano izquierda

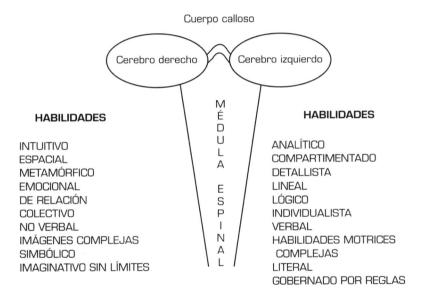

Precisamente mediante la correcta armonización de ambos hemisferios, vamos a lograr que nuestra intuición vuelva a manifestarse. Por tanto, si tu hemisferio predominante es el izquierdo, deberás realizar ejercicios que tengan que ver con el tipo de actividades del hemisferio derecho, y viceversa.

Por ejemplo, si sientes que tu vida es monótona y sin inspiración, necesitas salir de copas, ir a un concierto, recibir clases de arte, baile... En otras palabras, necesitas actividades imaginativas y creativas.

Si eres una persona muy ocupada y la búsqueda constante de la oportunidad profesional te distrae de tus asuntos personales, sientes que tu destino está relacionado con la comunicación y que las relaciones podrían distraerte de tu auténtico camino a no ser que tu compañero comparta tus mismos intereses profesionales. Tus preocupaciones laborales y esa tendencia crónica al análisis indican que tienes poco tiempo para el hogar. El contrapeso ideal sería que tu pareja fuese activa en casa porque al llegar al hogar necesitas un ambiente relajado.

Si por otro lado, te invaden y rodean todo tipo de proyectos pero no realizas ninguno, lo que necesitas son unas clases de organización y gestión, u otras habilidades que te ayuden a diferenciar las prioridades y actuar.

En tu corazón y en tu mente te sientes joven y demuestras mucha curiosidad por conocer a la gente y los cambios que te rodean. Cuando hablas pasas de un tema a otro y tu tono de voz es musical y rápido. Eres inquieto y te involucras en varias cosas a la vez. Te muestras reacio a aceptar ideas fijas, en su lugar disfrutas explorando el espectro de las creencias e intereses humanos. Las conclusiones y las aplicaciones son aburridas para ti. Viajar conociendo gente e intercambiando ideas y opiniones son cosas que te atraen.

Es, pues, evidente que necesitas armonizar ambos hemisferios. **Necesitas todo tu cerebro para actualizar y mostrar todo tu talento.** En suma, cuando tu lógica intente anular tu intuición, recuerda: **La obtención de conocimiento no es siempre un proceso lineal.**

Si nada más nacer, inmediatamente después de cortarse el cordón umbilical, nos depositaran sobre el vientre de nuestra madre, en el tiempo máximo de cuarenta y cinco minutos, llegaríamos, reptando, hasta su pecho, en busca del alimento.

Durante nuestra época preescolar, nuestro aprendizaje depende más del sentido intuitivo que de cualquier otro. Nos relacionamos a través de colores, ruidos, olores, roces, sabores, que aceptamos o rechazamos, sin plantearnos los motivos. Y no fallamos. Observad a un bebé moviéndose en una habitación. Veréis como, después de dar mil y un traspiés, encuentra el lugar más protegido, más seguro de la habitación.

Pero también es cierto que durante los años escolares recibimos diariamente una serie de conocimientos de forma continua, lineal. Es nuestro adiestramiento básico y también el momento de nuestras primeras relaciones humanas fuera de nuestro núcleo familiar: los primeros ensayos de nuestra vida en sociedad.

Curiosamente, en nuestra madurez, cuando conocemos a alguien, nos guiamos de manera intuitiva para descubrir muchos detalles de la personalidad del recién llegado. Sabemos, de pronto, si nos gusta o no, si hay o no «química», de qué hablar y qué callar con esa persona, sus gustos y aficiones. Y todo esto, lo realizamos sin juicio previo, sin «prejuicio», nos guiamos por una serie de pautas básicas, pero de manera impulsiva, ¿INTUITIVA?

No es, por tanto, una fase muy lineal de aprendizaje. ¿Cuántas veces no has sentido que tal o cual persona ¡¡NO!! te gustaba, a pesar de las opiniones contrarias y al final te han tenido que dar la razón? O al revés, ¿cuántas veces has dicho «¡¡SÍ!!» a determinada persona, y en contra de la opinión del resto, has tenido razón? ¿Cuántos conocidos han montado un negocio, empresa, etc., y tú, sin saber nada de ese negocio, dijiste: «No, eso no va a funcionar», y así fue? ¿No es eso, acaso, INTUICIÓN?

Es evidente que en ocasiones, sin control alguno, la intuición se manifiesta de manera espontánea. Eso demuestra que tenemos en nuestro interior, en nuestra mente, una capacidad natural llamada intuición que hemos dejado de usar y que nos provoca desconcierto y desconfianza. Y sin embargo, no podemos negar que una buena parte de nuestra vida, depende o ha dependido de la intuición.

- **El cerebro derecho almacena información en forma espacial y simbólica.**

Efectivamente, los neurólogos, han podido investigar ampliamente esta particularidad analizando miles de datos provenientes de pacientes que habían sufrido accidentes y lesiones en el cerebro. Han comprobado qué tipo de pérdida en nuestras habilidades se produce en cada caso, lo que les ha llevado a demostrar este tipo de diferencias entre ambos hemisferios. Si parte del lóbulo temporal izquierdo se lesiona, la comprensión del habla se deteriora. Si la parte derecha del lóbulo temporal derecho se daña, los objetos no pueden reconocerse.

En general, la lesión de un lado del cerebro causa la pérdida de todas las funciones sensitivas y motoras del lado opuesto del cuerpo.

- **Todo el cerebro pensando te ayudará a acceder mejor a tus talentos.**

Creo que esto es indudable. Si realmente pones todos los datos, todos los medios, y desarrollas el mecanismo adecuado para utilizar todo este conocimiento, evidentemente desencadenarás un proceso en el cual el beneficiado siempre vas a ser tú, saldrán todas tus fuerzas y, por tanto, brillarás más. Al tener más datos, vas a ser más creativo, más espontáneo, más ocurrente, más detallista, y eso siempre es bueno.

- **La ciencia admite que existen procesos de aprendizaje diferentes al analítico.**

Cierto, gran cantidad de postulados científicos han sido enunciados en su principio desde un punto de vista intuitivo. Bohr diseñó la estructura del átomo de manera intuitiva, basándose en algunas teorías no demostradas en aquel momento. Hoy en día, muchas de las investigaciones de física nuclear, localización de estrellas, agujeros negros, etc., están basadas en postulados teóricos que en su mayoría son consecuencia del estudio de complicadas ecuaciones matemáticas. Con ellas los investigadores tienen una base sobre la que poder avanzar, pero sólo basándose en una serie de datos, que les produce la brutal sensación de un impulso, de un golpe de intuición, de una corazonada, de un presentimiento, que en la gran mayoría de los casos, con el tiempo, se han demostrado ciertos.

Ejercicios para los lógicos

Para aquellos en los que predomina su lado lógico, cuyo hemisferio dominante es el izquierdo

Vas a necesitar tener cerca de ti bolígrafo y papel para tomar notas. Sería conveniente que tuvieras un libro de notas. Podríamos llamarlo: «El día a día de mi intuición». No es un diario, es una libreta de control. Y ya que tú eres el lógico, deberás tomar tus notas utilizando lápices o bolígrafos de diferentes colores. Existen en las papelerías unos bolígrafos portaminas de cuatro colores que son los más adecuados para estos ejercicios.

a) Durante los próximos días, dos o tres, elige un disco cualquiera de música clásica. Siéntate cómodamente frente al equipo de música, y sin ponerlo a un volumen insoportable, cierra los ojos y trata de imaginar qué ocurre en un lugar con esa música, y no te ates a los estereotipos de «música clásica es decir vestimenta de época», etc.

Crea una historia, un cuento, y trata de ver la mayor cantidad de imágenes posible. Esfuérzate en crear una historia, aunque sea incoherente. Cuando hayas terminado la audición, abre los ojos, e inmediatamente toma notas describiendo tu historia lo más fielmente posible. Repite esta operación todas las veces que puedas y quieras, en los siguientes dos días, y recrea la misma historia, cada vez con la misma música.

Anota todas las veces que lo hagas, y observarás cómo, día a día, el relato es cada vez más preciso y rico en matices.

b) Cuando después de tres días oyendo música compruebes que tu capacidad imaginativa va mejorando, realiza el mismo ejercicio con otra melodía, y recrea una nueva situación. Edúcate, eres una persona disciplinada, oblígate a inventar historias, aunque sean absurdas. Y como es lógico, toma notas, como siempre lo más detalladas posible, y compara. Compara, igualmente, si las historias de las diferentes melodías son básicamente distintas. Si no fuera así, repite los ejercicios, y esta vez pon un poco más de empeño en lograr historias muy distintas con músicas diferentes.

c) Durante el fin de semana dedica un tiempo a ir a algún museo, pero no te pasees ni vayas a toda prisa: busca algún cuadro que llame particularmente tu atención y párate a mirarlo. Comienza, si quieres, por el marco, admira la grandeza del autor, o al menos su habilidad para reflejar algo así. Observa la mayor cantidad posible de detalles y, al salir del museo, tómate un café y anota todo lo que recuerdes del cuadro. Si en lo del café me haces caso, te recomiendo que lo tomes en el propio museo, ya que deberás comprobar cuánto hay de verdad en tus notas.

Si la visita al museo estuviera fuera de tus posibilidades, elige uno cualquiera de los cuadros, láminas enmarcadas, fotografías, etc., que tienes en tu casa. Míralo como si nunca lo hubieras visto y trata de observar la mayor cantidad posible de detalles.

En pocos segundos, te darás cuenta de que eso de «como si no lo hubiera visto nunca» es «casi» cierto. No creas que por haberlo visto muchas veces, realmente lo has mirado. Anota todos aquellos detalles en los que nunca te habías fijado.

Realiza este ejercicio durante un fin de semana, y verás como cada día tus notas tienen mayor cantidad de detalles.

d) Lee un determinado artículo en el periódico, y anota la mayor cantidad de detalles posibles: el estilo del periodista, si te cuenta una historia, o simplemente te relata los hechos fríamente, sin detalles.

Toma notas, compáralas, realiza este ejercicio durante tres días, con tres artículos cada día, y coteja los resultados.

e) Cambia de lado la hebilla del cinturón, así ya temprano, por la mañana, romperás con la rutina.

f) Durante el fin de semana, ve algo más despeinado, informal, pon algo más de colorido en tu forma de vestir, olvida la corbata.

EJERCICIOS PARA LOS LOCOS

Para aquellos en los que predomina su lado imaginativo, cuyo hemisferio dominante es el derecho

También vas a necesitar un libro de notas, un «cuaderno de campo», y un lápiz o bolígrafo.

a) Por una vez, y sin que sirva de precedente, lee de principio a fin las instrucciones del vídeo. Toma nota de lo que debes hacer paso a paso. Después de haberlas leído enteras de un tirón, anota todas las funciones que recuerdes con el mayor detalle posible. Comprueba después el numero de aciertos y de errores. Y sobre todo de olvidos. Comprueba en qué lugares siempre te confundes u olvidas. En qué momento tu capacidad de atención se pierde. Repite este mismo ejercicio durante los tres próximos días y compara los resultados.

b) Mira, de repente, las matrículas de los coches, y al primer golpe de vista, trata de recordar el número.

c) Organiza las tareas de un día y realiza la mayor cantidad posible de ellas, sin disculpas.

Anota todas las cosas que tienes pendientes; haz una lista de todo, sin exclusiones, aunque sean atrasos de años.

Sé, por propia experiencia, que es un agobio tener que mirar las cartas del banco; llamar a la familia, que hace tiempo que no lo haces; contestar aquella carta o e-mail pendiente desde hace meses; ordenar tu mesa de trabajo; poner los discos en orden y otras tareas pendientes. En los siguientes tres días trata de hacer la mayor cantidad posible de todo ello, evitando frases como: «Bueno son pocas cosas, las hago más tarde». Tienes necesidad de tener un poco de orden, un poco de método para poder realizar tus sueños, y eso también pasa por la lógica y la razón.

d) Asiste con un amigo a una conferencia de un tema científico, quizá alguno que te resulte un poco aburrido, incluso en momentos, aunque no escuches todo, observa cómo el conferenciante se mueve, entona. Toma notas de la misma y al salir comenta los resultados con tu amigo.

e) Los fines de semana, trata de ir un poco más peinado.

f) De vez en cuando ponte una chaqueta y una corbata.

g) También tú cambia el lado de la hebilla del cinturón; comienza, también, el día con algo fuera de la rutina, de las muchas rutinas, amigo loco, que tienes.

He tratado de elegir los ejercicios mas entretenidos, menos complicados, y más eficaces, como base de inicio del adiestramiento de nuestra intuición. Pero sólo son el inicio para hacerte comprender que estamos rodeados y bombardeados permanentemente por millones de datos que de manera consciente o inconsciente penetran por nuestros sentidos, y desde ellos llegan directamente hasta nuestro cerebro, hasta nuestra mente.

Quizá alguno ya se haya preguntado: ¿no es una locura intentar incrementar la intuición?, ¿me va a transformar en una persona «rara»? Sencillamente, la gran mayoría tiene miedo, sobre todo porque han tenido algún presentimiento que se ha cumplido, y al no tener dominada esta sensación, les produce vértigo y temor. Pero no son más que razones de la lógica, razones de hemisferio izquierdo para reducir al derecho a su mero papel de ayudante.

Vivimos en una época en la que pienso que debemos sacar de nosotros mismos todas nuestras habilidades de la mejor forma posible.

¿Vas a desperdiciar esa posibilidad?

A lo largo de mi carrera profesional, me he servido de la intuicion una y otra vez.

Ocurría que durante mis actuaciones, o afilaba el ingenio y la intuición, o no había forma de conectar con el público.

Reconozco que en los primeros intentos fallé en mis cálculos, y eso me llevó a equivocarme, pero poco a poco los aciertos fueron sustituyendo a los errores, y hoy en día, una buena parte de mis creaciones escénicas se apoyan en muchos datos intuitivos, y en un 99% de las ocasiones, me funciona.

No te cuento nada que no haya probado antes en mí mismo y te lo ofrezco limpio de complicaciones y raros ejercicios.

Armonizar ambos hemisferios significa aumentar las habilidades personales, y esto no es ni raro, ni esotérico, ni te vuelve extraño.

Un último comentario, fruto de mi propia experiencia.

Desde este momento, y aunque no leyeras ni una página más de este libro y tan sólo pusieras en práctica los ejercicios de este capítulo, ya estarías aumentando en un 50% tus habilidades mentales, estarías utilizando más **TODO tu cerebro, y eso simplemente, ya es bueno.**

———

Pero no olvides que todos tenemos una facultad mental llamada intuición. Sólo tienes que ponerla en marcha

———

Capítulo 3

Con menos estrés

Comenzaba el libro intentando llamar tu atención sobre historias y personajes que usaron y usan de manera habitual su capacidad intuitiva, para después resaltar la gran importancia de la obtención de datos o información.

Espero que estés de acuerdo conmigo en que el capítulo anterior no sólo ha sido entretenido, sino también útil para demostrarte que no eres demasiado observador y que, realmente, miles de datos se te escapan de manera casi inevitable.

En este capítulo, voy a intentar proporcionarte una técnica dinámica para que tu mente se coloque en la actitud más adecuada y comiences a controlar de forma relajada todos esos datos de información que recibes a diario. Insisto en que la información y su correcto uso son la base fundamental del despertar de nuestra intuición. Sin información, el fenómeno intuitivo se manifiesta de forma totalmente esporádica, mientras que con acceso a gran cantidad de información, su manifestación será más frecuente.

Medita un instante lo siguiente: detrás de la palabra información, detrás de este concepto, se encierran dos claves vitales: **sabiduría y poder.**

Lo que te voy a ofrecer a partir de ahora son una serie de técnicas personales que he realizado durante muchos años y que, en el fondo, pretenden que tu mente se sitúe en un grado óptimo de funcionamiento. Son técnicas de relajación desarrolladas en varios pasos, que te van a templar, a tranquilizar y, por lo tanto, te ayudarán a tener un mayor grado de control, y con esto, tu nivel de confianza en ti mismo, tu autoestima, se verán considerablemente aumentados. Y, sinceramente, sin un buen grado de autoestima, la intuición, por mucho que lo intentes, no te servirá de nada. Para poder llevar a cabo aquello que tu intuición te diga, debes tener **la fe, la confianza y la seguridad** suficientes, como para que los que te rodean, te respeten por tu nivel de decisión, por la fuerza que emanas.

Como he dicho, estas técnicas están basadas en mi propia experiencia y se desarrollan en diferentes etapas. Es importante que vayas paso a paso, cubriendo etapas, sin prisa. Cada paso es importante, ya que con cada logro, con cada éxito, notarás que tu fuerza, que la fe en ti mismo va aumentando día a día. Recuerda que la autoestima es directamente proporcional al nivel de éxitos que consigas a lo largo de tu vida.

---

*Tienes la obligación, y el derecho,
de entenderte y quererte
por encima de cualquier otra cosa*

Pero no te confundas; quererte no significa ser egoísta, más bien significa todo lo contrario.

EJERCICIOS

Pues bien, estos son los ejercicios principales que me han ayudado en la búsqueda de mi propio YO. A mí me han dado muy buen resultado.

1) RELAJACIÓN DINÁMICA

Si ya realizas o conoces algún método eficaz de relajación dinámica, te diría que te saltases este apartado, pero a este ejercicio le tengo un especial cariño. Es particularmente creativo y dinámico. Vamos, que no es aburrido.

Si eres de los que lleva tiempo realizando, de forma habitual, ejercicios de relajación, nada nuevo te cuento sobre qué actitud debes tomar ante un ejercicio de este tipo. Si, por el contrario, eres de los que esporádicamente o jamás ha realizado ningún ejercicio de relajación, te recomiendo que hasta que crees hábito de llevar a cabo este tipo de ejercicio, busques un lugar lo más tranquilo y silencioso posible.

a) Técnica de la «burbuja de luz»

Siéntate cómodamente en un sillón o, si lo prefieres, túmbate en un sofá, manteniendo la cabeza apoyada sobre un par de cojines. Si te resulta cómodo, pon música suave, de las que invitan a la meditación: sonido de flauta, del agua de un río, etc.

En esta posición, cierra suavemente los ojos y coloca la palma de tu mano izquierda sobre tu ombligo, aproximadamente sobre tu centro de gravedad, y a continuación, coloca la palma de la mano derecha sobre el dorso de la mano izquierda. Realiza todos estos movimientos, sin brusquedad, sin prisa, suavemente.

Cuando ya estés así, en la postura que hayas elegido, respira varias veces profunda y pausadamente con tu estómago, sin prisa, sintiendo cómo el aire inunda tus pulmones.

Como medida general te diré que si nueve veces al

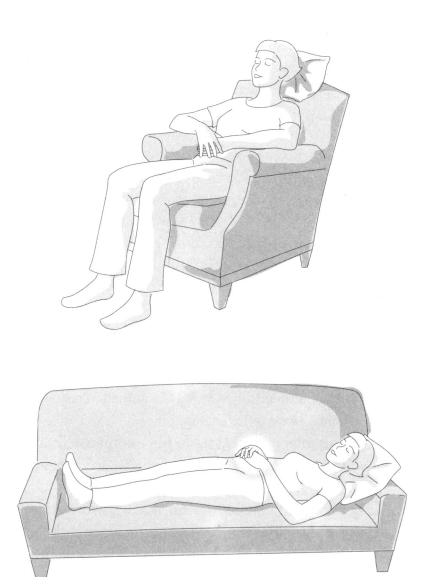

Posiciones para iniciar la técnica de la «burbuja de luz».

49

día te sientas y respiras con el estómago profundamente cuatro veces seguidas, con tranquilidad y ritmo, tu salud y tu capacidad mental se verán beneficiadas y aumentadas. Entre seis y diez veces es más que suficiente, pero ni te aceleres al respirar, ni te pongas a contar exactamente cuantas veces has respirado. Respira con los ojos cerrados y profundamente, hasta el momento en que parezca que tu cuerpo se ha vuelto más pesado. Respira con suavidad y siente como tus manos se mueven por el efecto de la respiración.

En este momento, imagina tus manos, percibe tus manos, siente tus manos, concentra toda tu inteligencia y atención sobre tus manos.

Disfruta un instante de la percepción subjetiva de tus propias manos. No es algo que hayas hecho anteriormente. La sensación de nuestras propias manos es realmente única, siente como si fuera la primera vez que tuvieras conciencia de tener manos.

Siente tus manos intensamente, el contacto de una mano sobre la otra, el contacto de la mano sobre el ombligo.

Y ahora... Imagina que bajo tus manos, sobre el ombligo, tienes un punto de luz, una pequeña bola de luz, una luz de una intensidad única, especial, percíbela, imagínala sobre tu ombligo, bajo tus manos.

Siente esa luz, y poco a poco, imagina como empieza a crecer, como va creciendo bajo tus manos, observa como se va haciendo cada vez más grande.

Suavemente, a medida que crece, va filtrándose a través de tus manos, a través de tu cuerpo.

A medida que crece, que aumenta de tamaño, comienza a envolver todo tu cuerpo.

Ahora, poco a poco, envuelve tus manos, parte de tus brazos, tus caderas, la mitad de tus muslos, y suavemente, sigue creciendo, envolviéndote cada vez más y más.

Cada vez más, tu cuerpo está quedando rodeado por esa luz.

Todo tu cuerpo está dentro de esa burbuja de luz y comienzas a sentir como la parte de tu cuerpo que está en el interior de la burbuja es cada vez más ligera, más y más ligera.

Y la burbuja de luz continúa creciendo, es como si la luz que emite nos hiciera cada vez más y más ligeros, su luz ya cubre todo nuestro cuerpo. Sólo la cabeza y los pies se mantienen aún fuera de la burbuja y nuestro cuerpo es más y más ligero cada vez.

Concentra toda tu atención sobre tu cuerpo, es cada vez más ligero, y comienzas a sentir una especie de cosquilleo en todo el cuerpo. Tus pies ya están dentro de la burbuja y tu cabeza poco a poco queda ya cubierta por la luz de la burbuja.

Concéntrate en tu cuerpo, siente su ligereza, flota, flota en su interior.

Siente la ligereza del cuerpo, cada vez más ligero, más y más, y más, y más...

El cuerpo deja de tener peso, es tan ligero que puede volar, puede flotar libre en el espacio. Siente la sensación de **ligereza**, siente como tu cuerpo flota y, muy despacio, comienza a elevarse.

Ve sintiendo como suavemente todo tu cuerpo comienza a separarse de tu cuerpo físico. Es ligero como el aire, libre de cualquier atadura física. Comienza a apartarse, a despegar, y sube, sube hasta llegar a rozar el techo de la habitación en la que te encuentras. Imagina, el techo del lugar donde estás. Invéntalo, son tus sensaciones y no tienen porqué estar atadas a la realidad, su percepción es tuya, siéntelo como tú quieras. En este mundo subjetivo que estás creando, las cosas son como tú desees.

Percibe la textura del techo, siente si es liso o rugoso, siente su olor, su color, trata de obtener la mayor cantidad posible de datos de este lugar.

Desde esta percepción subjetiva de tu realidad, te encuentras muy relajado, en perfecto estado de salud, ligero, libre, relajado, profundamente relajado.

Puedes dirigir tu inteligencia, tu voluntad, desde tu imaginación.

Acabas de percibir de manera única el techo de la habitación en la que te encuentras y ahora te vas a reconocer a ti mismo. Vas a realizar mentalmente un giro sobre ti mismo. Dirige tu voluntad y date la vuelta, sin dejar de estar en el techo de tu habitación.

Lenta y suavemente, gira sobre ti mismo. Desde el interior de la burbuja de luz, obsérvate a ti mismo en el lugar en que está tu cuerpo. La mente acaba de despegar y observa con atención a su propio cuerpo en el sillón. No tengas prisa, reconócete en el lugar en el que estás. Imagínate a ti mismo mirándote desde el techo.

Recréate durante unos momentos y piensa en el último acontecimiento de tu vida que te haya hecho sonreír. Obsérvate atentamente y sonríete desde la burbuja.

Inspira profundamente y girando de nuevo sobre ti mismo, siente cómo la burbuja te lleva en su interior y cómo te vas filtrando con ella a través de todo tipo de materiales, atraviesas el techo de la casa, los pisos superiores, continúas subiendo.

Te desplazas al exterior de la casa. Estás fuera de la casa cuando frente a ti se te presenta un profundo, maravilloso y espectacular cielo. Hay estrellas de todo tipo, nunca habías visto un cielo tan magnífico.

Siente cómo flotas, siente cómo poco a poco el cuerpo dentro de la burbuja continúa subiendo, es como si estuvieras viajando por el espacio, siente cómo poco a poco, estrellas y planetas van pasando a tu alrededor; es una sensación de total libertad, recréate en su contemplación. Es único, es revelador.

En tu libre flotar por el espacio, observas, te fijas en una estrella. Es una estrella que se encuentra en la lejanía y que llama poderosamente tu atención, una estrella que es particularmente brillante. Parece como si te llamase, parece tener una fuerza de atracción poderosa pues es diferente a todas las demás.

Su brillo es distinto, es un brillo muy cálido, atrayente, invita a acercarse.

2) CREACIÓN DEL ESPACIO PARA TRABAJOS DE PRIMER ORDEN

a) Dirige tu voluntad hacia esa estrella, la burbuja tiene tu voluntad y tu voluntad es la voluntad de la burbuja: puedes dirigirla a tu antojo hacia el lugar que quieras.

Te diriges, pues, hacia esa estrella tan especial, sientes su luz cada vez más próxima, más atrayente, más envolvente.

Concéntrate en su luz.

Observa como poco a poco, un haz de su luz sale desde su centro y avanza hacia ti.

Un poderoso haz de su luz, cae directamente sobre el centro de tu frente.

Es una sensación muy placentera, esa luz inunda tu interior, nuestra cabeza, el interior de tu cabeza, brilla con unos destellos de luz perfectos. La luz es cada vez más intensa y te absorbe.

La luz entra por la frente al interior de tu cabeza y la ilumina de manera intensa. Te hace sentir atraído hacia el interior de tu cabeza, que está cada vez más y más brillante. Cada vez la luz inunda con mayor intensidad tu interior y te introduce en ella.

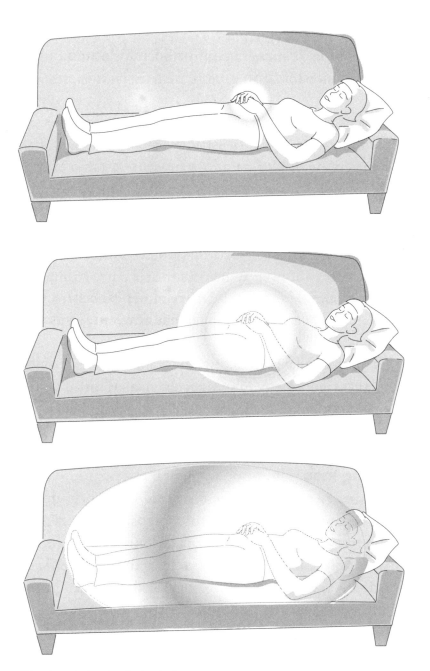

Técnica de la «burbuja de luz».

Te absorbe de manera confortable. Todo tu YO penetra en el interior de tu cabeza, penetra en una estancia de luz.

La sensación es única. Observa esa estancia perfectamente iluminada, ese es tu espacio único y personal. Estás contigo mismo, tu pasado y presente están contigo, todos tus conocimientos los tienes ahí, al alcance de tu voluntad.

En un instante todo es luz, paz, calma, es una sensación de plenitud como hacía tiempo no tenías.

Concentra ahora tu atención sobre la parte frontal de tu «habitación de la luz». Fíjate como en su centro hay una gran pantalla, imagina una pantalla, como si fuera tu cine privado.

Es tu pantalla mental, en ella verás a diario todas aquellas imágenes que desees recordar o archivar.

Reconoce la estancia, reconoce tu «habitación de luz», con su pantalla en el centro.

Quiero que ahora comiences a proyectar imágenes, **tus imágenes.**

Comienza por recrear las imágenes y las voces de las últimas reuniones: tu familia, tus amigos, etc. Recuérdalas en todos sus detalles, recuerda el sonido de las voces, las frases o «coletillas» usadas por algunos, recuerda el olor de los perfumes o de los lugares de tus recuerdos. **Es una película, la película de tu VIDA.**

Percibe las sensaciones, las situaciones, como si fueran reales y disfruta de ellas. Sé un mero observador, no juzgues los hechos, simplemente obsérvalos tal y como sucedieron.

b) Para salir del ejercicio has de conservar las imágenes durante un instante en tu imaginación y observar que la proyección cambia, ahora sobre la pantalla.

La proyección es tu imagen, eres tú mismo de la cabeza a los pies. Estás relajado y cómodo, muy cómodo. Concéntrate en esa sensación, en esa imagen y proyéctala sobre ti en la pantalla. Proyecta toda tu voluntad, todas tus buenas vibraciones, todas tus buenas sensaciones.

Siempre que salgas de estos ejercicios, deberás repetirte, y proyectar sobre tu imagen en la pantalla frases como estas:

- «Cada día y conforme pasan los días toda mi mente y todo mi cuerpo están cada vez más en contacto».
- «Cada vez que realice este ejercicio de relajación, mi mente crece y mis facultades se desarrollan más y más».
- «Ningún acontecimiento podrá debilitar mi mente ni mi cuerpo».
- «Cada día, estoy siendo mejor, mejor y mejor».
- «El mundo ha sido inventado para mí y por eso lo manejo con seriedad y responsabilidad».

- «Sólo soy responsable de mis actos y de las consecuencias que pueda provocar».
- «Soy el único responsable de mi vida, y respeto mis decisiones».
- «Toda la información que poseo me hace cada día más y más fuerte».

Inspira profundamente y termina con la proyección.

La proyección ha terminado y observa que sobre la pantalla han quedado restos de polvo, de suciedad. Esto ha ocurrido por la carga emocional de la proyección. Son «restos» de la memoria, de nuestro lastre que es lo que no nos deja ser libres.

Concentra tu atención sobre el borde inferior de la pantalla. Ahí, como si fuera el borrador de una pizarra, encontrarás el paño.

Acércate a la pantalla y con ese paño limpia sin dejar rastro toda esa suciedad, todo ese polvo.

Inspira de nuevo profundamente, estás al lado de la pantalla, frente a ella.

Extiende la mano en la que llevas el paño, la pantalla está totalmente limpia y ahora dirígete hacia la pantalla, avanza hacia la pantalla, con el paño en tu mano.

Paño, mano y pantalla comienzan a fundirse. Tu brazo y tu cuerpo avanzan sobre esa pantalla y la empiezan a atravesar como si fuera una puerta, un lugar de salida.

Al otro lado de la pantalla, de la puerta, la luz es más tenue, más suave.

Observas que al otro lado hay alguien, una persona. Fíjate en su ropa, en su postura, la ropa te resulta familiar, la postura también. Comienzas a reconocer quién es.

Tus manos lo sienten, tu cabeza también lo siente, eres tú mismo, que vas sintiendo como poco a poco tu mente y tu voluntad vuelven a tu cuerpo físico. Te encuentras profundamente relajado y en óptimo estado de salud.

Inspira otra vez profundamente.

Vuelve a respirar profundamente y, al expulsar el aire, abre suavemente los ojos.

Estás de nuevo en tu espacio de relajación, levántate y estira todo el cuerpo. Durante un instante, antes de salir de la habitación, recuerda las sensaciones que has tenido durante las proyecciones.

Sensaciones ¿positivas?, ¿negativas?, ¿indiferentes? Simplemente siéntelas, no tengas prejuicio en calificarlas. Estás en el mundo real, despejado, totalmente consciente.

Es el lugar de los juicios y las calificaciones, pero califica tal como lo hayas sentido, simple y llanamente, sin la intervención de la razón, sin cuestionarte por qué sí o por qué no has sentido lo que has sentido durante tu estancia en la «habitación de luz». Califica sólo lo sentido y califica esas sensaciones desde la razón.

No lo compliques demasiado, cataloga esas sensaciones sólo como positivas, negativas o neutras.

Deberás realizar este ejercicio todos los días, durante al menos dieciocho días. Esto te permitirá adquirir la destreza y el hábito de relajarte física y mentalmente todos los días.

Observarás que, con la práctica, cada día te resulta más fácil alcanzar la «habitación de luz». Es lógico, cada vez te va a resultar más sencillo llegar a ese estado de relajación mas rápidamente. Tu mente y tu cuerpo lo necesitan.

Pasados estos días, entrarás y saldrás rápidamente de tu «habitación de luz», cuando esto te suceda, cuando lo logres, podrás pasar al siguiente ejercicio.

3) SÍNTESIS ACTIVA
(sólo despúes de superar la fase anterior)

Realiza toda la preparación del ejercicio básico. Siéntate o túmbate, dependiendo de la postura que hayas elegido, reconoce el espacio y recuerda el lugar de la habitación en donde está colocada la pantalla cuando vuelves de tu «habitación de luz».

Coloca tus manos en el mismo lugar que al inicio del ejercicio básico, cierra los ojos y, como es habitual, inspira profundamente varias veces, sin prisa, pausadamente.

La «burbuja de luz» te cubre por completo, sientes el cuerpo flotar y gracias a tu voluntad despega separando tu mente de tu cuerpo, como si tu mente se incorporara de la silla o del sofá.

Ya estás de pie frente a la pantalla, te vuelves y te observas en tu lugar, observas tu cuerpo.

De nuevo te das la vuelta y esta vez, y ya para siempre, te sitúas frente a la pantalla. La pantalla emite destellos de luz, de la luz que proviene de la «habitación de luz».

La luz de la burbuja y la luz que emite la pantalla se mezclan. Burbuja y pantalla unen su luz.

Extiende la mano y, de nuevo, tu mano atraviesa la pantalla hacia el otro lado. Es como si traspasaras una puerta, sientes la intensidad de la luz del otro lado.

Toda tu mente, toda tu voluntad, avanzan hacia la luz, todo tú estás en esa luz, todo tú acabas de penetrar al interior de tu «habitación de luz».

Reconoces el espacio, ahí está la pantalla, ahora ponte frente a ella y comienza a proyectar tus imágenes de cada día.

Siempre que decidas entrar o salir de tu «habitación de luz», sólo tendrás que visualizar tu pantalla en tu lugar de relajación, y atravesando con tu voluntad esa pantalla, te encontrarás en un profundo estado de relajación. Estarás preparado para visualizar la vida entera.

Con estos ejercicios hemos conseguido crear un lugar de relajación y paz: nuestro observatorio, nuestro espacio personal de trabajo. Gracias a estas técnicas recuperaremos los datos almacenados en las diferentes habilidades o técnicas de trabajo que propongo en los siguientes capítulos. A partir de ahora, podrás manejar toda esa información de manera coherente y productiva y lo realizarás en un profundo estado de relajación.

En este espacio, el tiempo se ha vuelto absolutamente relativo y los segundos son más largos. El estado alterado de conciencia que se logra durante la realización de los ejercicios de relajación, relativiza y alarga apreciablemente el tiempo, por eso se produce una distorsión en el tiempo. Si durante los ejercicios colocaras un metrónomo ajustado a sesenta golpes por minuto, a los pocos instantes de estar en la burbuja oirías cada vez más lentos esos golpes.

Desde este espacio, repasa todos los días los acontecimientos ocurridos, es como hacer, otra vez, los deberes del «cole». Después del repaso, quédate con las buenas vibraciones por encima de las malas. Recréate en las buenas sensaciones, y repásalas de nuevo.

Siente como, después de realizar estos ejercicios, tu estrés, tu sensación de cansancio y pesadez, han desaparecido. Además, **has tenido un magnífico encuentro con tu YO**.

Solos tú y tu YO;
qué maravillosa compañía

CAPÍTULO 4

Las llaves del desván

DESARROLLO DE LOS RECEPTORES I

Necesitas saber quién eres. Para ello recibes información: la vida entera pasa ante ti cada día y tienes permanentemente abiertos los cinco canales de comunicación. Tus sentidos son los receptores y la vida sucede ante ellos. A través de esos sentidos te relacionas con el mundo que te rodea y te informan de cualquier cambio que ocurra en él.

Solemos olvidar que nuestra capacidad intuitiva depende del adecuado manejo de nuestros sentidos. Realizaremos una serie de ejercicios que nos ayudarán a mantener una actitud más alerta y, posteriormente, nos facilitarán la aparición de un mecanismo automático.

Gracias a él tu intuición volverá a ser parte importante de tu vida.

En el capítulo anterior hemos creado un lugar subjetivo de trabajo, de observación, y también hemos adquirido la costumbre de relajarnos en un lugar o espacio determinado. Con estas técnicas vamos consiguiendo, paso a paso, tener más confianza y más fe en nosotros mismos. Ya poseemos una técnica que, de momento, nos está ayudando a ser más tranquilos, más conscientes del inmenso poder que llevamos dentro, de cuya magnitud y maravillosas virtudes no sabíamos nada. Comenzamos a ser dueños de nosotros mismos, nuestro autocontrol aumenta con cada ejercicio y en cada éxito con ellos.

Ten fe, créeme, todo empezará a marchar por el camino correcto porque comenzarás a hacerte responsable de ti mismo. Los días de no creer en ti, los días de «tirar la toalla» han acabado. **Tu renacer está ¡¡YA!! aquí.**

Pero repasemos un poco. Has creado un espacio virtual personal. Desde ese lugar, vas a afilar tus sentidos de tal forma que podrás ser consciente de una mayor cantidad de datos de manera pasiva durante muchas de las situaciones que proyectes en tu pantalla. Serás capaz de hacer esto sólo con un básico adiestramiento.

En cualquier segundo de nuestra vida, si sumamos todos los estímulos que pasan por nuestro cerebro procedentes de nuestros cinco sentidos, se calcula que son cerca de once millones de bits de información. Tan sólo procesamos dieciséis bits de manera consciente

A continuación organizaré en tres grupos nuestros cinco sentidos. No es mi intención clasificarlos, sino diferenciar sus propiedades en las relaciones humanas. Estos son los grupos:

- Sentidos inmediatos: la vista y el oído
- Sentidos próximos o íntimos: el olfato y el tacto
- Sentido del refinamiento: el gusto

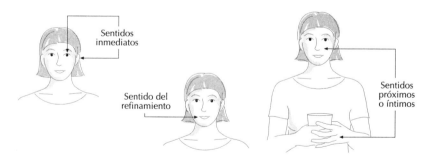

Sentidos inmediatos

Sentido del refinamiento

Sentidos próximos o íntimos

Los sentidos

1) Sentidos inmediatos: la vista y el oído

La vista

A través de nuestros ojos nos llega mucha información. Gracias a ellos percibimos las imágenes. Nuestros ojos no cesan de recibir, procesar y almacenar imágenes de las que en su mayoría, no somos conscientes.

El ojo humano, por ejemplo, es capaz de captar y generar alrededor de cinco millones de bits de información por segundo, mientras que el cerebro humano tan sólo puede procesar quinientos bits por segundo.

Comencemos, por lo tanto, con una serie de ejercicios que están dirigidos a aumentar nuestra capacidad de observación. Algunos de ellos aparecían mencionados en mi primer libro, *Tu poder mental,* pero es importante recordarlos en este nuevo contexto.

Son esenciales porque el adecuado desarrollo de nuestra capacidad de observación aumenta la concentración y refuerza la percepción.

Por ejemplo, estudios realizados por equipos de psicólogos en Estados Unidos han demostrado la gran importancia que tiene la percepción de los colores en nuestro comportamiento. Colores básicos o fuertes nos vuelven más agresivos que colores pastel. Pruebas realizadas en comisarías y centros de detención han demostrado que si la habitación en la que se encuentra un detenido está pintada de color rojo, no sólo el preso en cuestión es más agresivo, sino que también es capaz de desarrollar más fuerza. Por el contrario, si los colores de la habitación son suaves o pastel, su agresividad y su fuerza disminuyen.

EJERCICIOS

a) Abre la nevera y fíjate durante treinta segundos en todos los detalles: los alimentos, su situación en cada estante, los envases... Ciérrala y anota lo que recuerdes. Vuelve a abrir la nevera y compara lo que has escrito con la realidad. Repítelo tres días seguidos, una vez al día. Preferiblemente por la noche.

b) Este segundo ejercicio es el más difícil. Abre tu armario de la ropa y obsérvalo todo sólo durante veinte segundos. Anota lo que has retenido y compáralo con la realidad.

c) Elige veinte pequeños objetos que tengas por casa del tamaño aproximado de un dedal o un caja de cerillas. Colócalos encima de una mesa vacía. Haz una lista con ellos, revuélvelos, y mirando hacia el techo, coge un puñado y sepáralos. Mira de nuevo a la mesa y observa los que quedan durante quince segundos. A continuación, sin consultar con la lista, recuerda y anota cuántos crees haber separado y cuáles son.

Repite este ejercicio cuatro veces seguidas en dos sesiones al día, durante dos días. Cuanto más insistas en los ejercicios y los repitas con diferentes lugares, espacios y número de objetos, más éxitos tendrás. Con la práctica de esta técnica te volverás más receptivo y tu subconsciente absorberá mayor cantidad de información.

EL OÍDO

El oído es importantísimo para hablar en silencio, para definirlo. Igual que vemos más de lo que creemos, también oímos mucho más de lo que somos conscientes.

Oír es muy importante, por eso la sordera se asocia con necedad y cabezonería. Es posible aprender a oír más y mejor.

EJERCICIOS

a) Mantén una conversación con un amigo, con tu mujer, con tu pareja e intenta imaginar lo que te cuenta; no le interrumpas, muestra todo tu interés por sus palabras y comprende cada una de ellas. Al final de esta charla, cuando estés solo, recuerda las imágenes y toma nota de todo lo que has oído, destacando lo que más haya llamado tu atención. Centra la acción más en lo que has oído que en cualquier otra cosa. No tengas ningún miedo a inventar. Repite este ejercicio al menos una vez al día, durante una semana. No olvides nunca tomar nota de todo y al día siguiente pregúntale a tu interlocutor si lo que entendiste, es decir, un resumen de las notas de vuestra conversación, es lo que te quería realmente decir. Comprueba los aciertos y errores.

Acostumbrarte a prestar atención activa, como parte de tu vida diaria y tu forma de ser, te ayudará a expandir tu consciencia.

¿Eres de los que escucha o eres de los que están esperando a que quien les habla termine con su discurso para poder soltarles el suyo propio?

---

b) Siéntate en un lugar apacible y silencioso. Yo a veces entro en una iglesia. Escucha los sonidos del lugar, incluyendo los más sutiles. Insiste en diferenciarlos y separarlos uno a uno. Realiza el ejercicio durante dos fines de semana seguidos. Toma notas de cuántos y cuáles eran esos sonidos. Intenta diferenciar la mayor cantidad posible cada vez.

Es básico que tu oído se vaya acostumbrando a diferenciar la mayor cantidad posible de sonidos y que los pueda discriminar adecuadamente. Debes «adiestrarte» para «separar» los diferentes «ruidos» que percibas.

c) No debes pasar a este ejercicio si no has realizado en su totalidad el anterior, pues se trata de su continuación. En ese lugar tranquilo, después de haber oído todos los sonidos, vete eliminándolos uno a uno de tu conciencia y comienza a entrenarte hacia «el silencio». Oye, si lo prefieres y te resulta más cómodo, tus propios pensamientos. Reflexiona sobre los pasos que estás dando para despertar tu sentido intuitivo.

¿Qué sonidos oyes cuando no hay ningún sonido a tu alrededor, sólo el silencio? ¿Cómo «suena» el silencio?

Realiza este ejercicio todos los días durante una semana y anota: si has logrado el silencio total, ¿qué tipo de ruidos has oído?, ¿cuáles son los más difíciles de eliminar?, ¿cuál ha sido el sonido de tus pensamientos, de tus reflexiones?, ¿era un susurro?, ¿una voz?, ¿un grito?

Compara día a día tus notas y observa las diferencias.

Una vez realizados los ejercicios, evalúa si recuerdas mejor con los ojos abiertos o cerrados. El oído habitualmente se refuerza si se atenúan los otros sentidos.

Hablar en silencio

Cuando tu oído se adiestre en el estado de alerta pasiva, comenzarás a darte cuenta de que lo escuchas todo. El secreto estriba en la anulación de los sonidos de alrededor.

Si te encuentras entre un bullicioso grupo de gente y concentras tu atención en la persona con la que quieres comunicarte, y esa persona lo sabe, habla en tu tono normal de voz, proyectando tu voz en un ángulo de aproximadamente 45° hacia el suelo. Con asombro observarás que tu interlocutor, en medio del jaleo o ruido que os rodea, «oirá» claramente tus palabras.

Estudios realizados sobre mujeres embarazadas han demostrado que cierto tipo de sonidos agitan o relajan al feto. Así es, el bebé, en su espacio de aislamiento, percibe las vibraciones del sonido a través del vientre de su madre. Sonidos fuertes, estridentes o duros lo agitan y provocan un apreciable aumento en sus movimientos en el interior del vientre materno. Por el contrario, músicas suaves, clásica o new age, tranquilizan y sosiegan al bebe.

OBJETIVO DE LOS EJERCICIOS: LOGRAR EL AUTOMATISMO

Estos ejercicios debemos desde ahora dirigirlos hacia áreas específicas de las personas que nos rodean habitualmente, hacia aquellos lugares en donde los cuerpos se expresan, sin ninguna opción a engaño.

Nuestra voz puede mentir,
pero nuestro cuerpo no sabe

Un día cualquiera de nuestra vida se inicia, fundamentalmente, con la estimulación de dos de nuestros sentidos: el oído, con el sonido del despertador, y la vista, abriendo nuestros ojos para comprobar que el despertador ha sonado a la hora debida. Es decir, nuestros principales receptores lo son por ser los más inmediatos. Sabido esto, los vamos a orientar o dirigir hacia seis lugares específicos, que son los que aportan la mayor parte de la información que precisamos para desarrollar el método intuitivo.

Las áreas de observación que te propongo son las siguientes:

- el tronco
- las piernas
- los brazos y las manos
- la cabeza
- los ojos
- la boca

EJERCICIO

Centra tu interés en la observación y en la escucha de cuatro personas de tu elección, que pertenezcan a cuatro ámbitos diferentes. Por ejemplo: un compañero de trabajo, una persona de tu familia, uno de los clientes habituales del bar donde desayunas o te tomas el café de las once, y el dueño, o uno de los empleados, del bar en el que te tomas la «caña» antes de volver a tu casa por la noche.

Observa, en estas personas, el estado general que percibes de sus movimientos y palabras: ¿están tensos?, ¿relajados?, ¿cuál es su tono de voz?, ¿gritan?, ¿susurran?, ¿murmuran? Anota tus sensaciones sin preguntarte su por qué, sin buscar razones lógicas. No trates de analizar sus razones, solamente observa y escucha a estas personas y anota en tu libreta tus conclusiones.

Realiza tus anotaciones basándote en estos parámetros básicos:

- ## CON LA VISTA

El tronco:

Mira su cuerpo. Puede tener el tronco relajado, dar sensación de paz, de «buen rollo». ¿Está erguido, inflado, presumido o decaído, cansado, triste?

Piernas y pies:

¿Se apoya sobre ambas piernas?, ¿se apoya alternativamente sobre la una y la otra?, ¿tiene las piernas cruzadas?, ¿hacia dónde señala la punta del zapato?

Brazos y manos:

Fíjate si tiene los brazos cruzados, sueltos, caídos o en los bolsillos. Observa el movimiento de las manos, si los gestos son suaves, enérgicos, exagerados, excesivos. ¿Cuando habla, se lleva las manos a la cara?

La cabeza:

¿Está erguida?, ¿inclinada?, ¿relajada?, ¿vuelta?

Los ojos:

Los ojos pueden mostrarse huidizos o distraídos. O si lo prefieres, cálidos, fríos y distantes.

Los labios y la boca:

Labios tensos o relajados. ¿Mueve mucho o poco la boca al hablar?

• CON EL OÍDO

Percibe, sobre todo, el tono y el volumen, y sin pensarlo ni un segundo, analiza lo siguiente: la historia que te cuentan, el tono, y el volumen, ¿son armónicos, sólidos?

De todos los lugares de observación, selecciona los que, por sus características, sean los más prácticos en cada caso y persona. Sobre todo porque no debemos, en principio, sobrecargarnos de información que nos pueda bloquear en los primeros ensayos.

Intentar observar las piernas y los pies del camarero que está al otro lado de la barra del bar puede resultar complicado, y si lo intentas dirán que eres un «tipo raro», no te extrañe.

Anota cada día los resultados de tus observaciones, y mantén el «estudio de campo» con las mismas cuatro personas durante tres semanas seguidas.

Colocación diaria de la información en los archivos de la «burbuja de luz»

Al «visualizar», al poner en forma «visible» nuestros pensamientos cuando realizamos ejercicios de relajación, utilizamos imágenes de un modo personal y subjetivo. El desarrollo del oído, unido al de la vista, crea el llamado «embudo auditivo».

EJERCICIOS COMBINADOS

a) Como siempre, con toda la discreción de que seas capaz, fija tu vista en un grupo de gente que esté junto a ti. Pueden ser compañeros de tu trabajo que se encuentren en un bar tomando algo, una reunión de amigos en la que haya diferentes grupos, etc.

Realiza el ejercicio de discriminación de sonidos y únelo a la observación visual. Así podrás ver los gestos mientras tu oído discriminador anula el resto de los sonidos. Trata de sacar tus propias conclusiones, inventa si es necesario, pero intenta comprender lo que ocurre.

b) Sal a la calle, siéntate en una terraza y observa discretamente a la gente que te rodea. Imagínales una vida, una profesión, una familia según cómo van vestidos, los zapatos, su actitud. ¿Están solos?, ¿están con una o varias personas?, ¿con amigos?, ¿con familia?, ¿con vecinos?, ¿con su pareja?

En el trabajo, intenta fijarte en quién habla y quién calla. ¿Qué haces tú? Observa a los jefes y compañeros y cómo se relacionan.

En casa, notarás que en muchas ocasiones la convivencia diaria con nuestra pareja, con los amigos, con la familia, hace que olvidemos los detalles que al principio nos conquistaron de determinadas personas. Seguramente, en ese olvido se pierde también la interpretación de muchos signos. Los ejercicios en casa suelen estar muy influenciados por un «profundo» conocimiento de tu hogar. Por eso es muy importante tener en cuenta todas las sensaciones que recibas durante las proyecciones. Algunas de ellas van a ser muy diferentes a lo que, a veces, te dictará la razón. Durante ellas recordarás y recuperarás multitud de gestos y mensajes que te recordarán los inicios de tu relación. (Es evidente que voy a hablar generalizando. Solamente tú podrás personalizar la información que doy aplicándola a tu caso.)

Partamos de la base de una relación normal, que es la que pretendo analizar, desde la mayor cantidad posible de puntos de vista. Estoy absolutamente de acuerdo contigo en que «se han olvidado de ti en demasiadas ocasiones», pero si eres analítico y serio contigo mismo, me darás la razón si te digo que tú también te has olvidado mucho de muchos.

Comienza a dejar que tu intuición, esa pequeña larva intuitiva que empieza a crecer, te dirija entre tus sensaciones. Para automatizar el método intuitivo es necesario realizar los ejercicios de relajación dinámica. De este modo, al visualizar las situaciones de nuestro entorno, podremos archivarlas en nuestra «habitación de luz».

Estos ejercicios de archivo, de almacenamiento de datos, deberás realizarlos, al menos, durante dos meses. Evidentemente, en este tiempo comenzarás a sentir tus primeras sensaciones «diferentes».

A estas alturas del libro, y con un poco de práctica, seguramente te habrás dado cuenta de que observando a los demás conocemos cantidad de signos y señales de los que no éramos conscientes, y eso te ha permitido anticiparte y entenderlos mejor.

Recuerda que el fin último de este libro es mejorar tu vida y despertar de nuevo ilusiones y proyectos. Tu intuición no te va a fallar; estás en el camino de recuperarla.

————

Ya que eres consciente de que analizar la convivencia la mejora y además te permite controlar todo mucho mejor, usa esta información de manera positiva, creativa y rentable

————

Capítulo 5

Tres llaves más

Desarrollo de los receptores II

Olfato, tacto y gusto son los otros tres sentidos que nos quedan por adiestrar.

Tengamos en cuenta que estos sentidos forman parte de nuestra vida de relación más próxima. Por decirlo de otro modo, son más íntimos.

Es evidente que ni puedes ir oliendo y tocando a todo el mundo, ni degustando o saboreando a todo el que se cruce en tu camino.

Ahora bien, con muchísima frecuencia has repetido frases del estilo de: «No me da buena piel, buena química» o «Esto no me huele bien» o «Me sabe mal tal historia».

Fíjate en que las tres frases anteriores están relacionadas con estos tres sentidos. Quizá reflejen tus sensaciones sobre determinados aspectos y las hagan comprensibles a los demás, o quizá sea porque «realmente», de manera subconsciente, percibes estas sensaciones con los sentidos físicos.

Muchos médicos que conozco reconocen que en determinadas ocasiones y sin que realmente exista ningún tipo de olor apreciable en sus pacientes, «les huelen» de manera diferente o especial. Es como si una especie de «olfato intuitivo» les ayudara en el diagnóstico del enfermo.

¿Cuántas veces no le has dado la mano a alguien y, al resultarte «babosa» o «blanda», eso te ha hecho desconfiar? **¿No es eso acaso intuición?**

Y qué me dices de la comida. En algún momento de tu vida, con seguridad, habrás comido algo en mal estado y después te habrás dado cuenta de que con sólo recordar lo que has comido, el menú que sea, al llegar al plato que estaba en mal estado, todo tu cuerpo se revuelve. Es como si el recuerdo del sabor en cuestión desencadenara en tu organismo un fenómeno de rechazo hacia ese alimento en mal estado. **¿Será eso intuición?**

Me atrevo a decirte, que «esos» son mecanismos intuitivos de nuestro cuerpo.

Pero continuemos con el recorrido por los sentidos iniciado en el capítulo anterior. Es el camino que nos llevará hacia el adiestramiento de nuestros más sutiles sentidos.

2) Sentidos próximos o íntimos: el olfato y el tacto

El olfato

¿Cómo huelen los que te rodean?, ¿distingues a esas personas por su olor?, ¿huelen bien o mal?, ¿se «bañan» en perfume?

Biológicamente, el olfato es el sentido más desarrollado en los animales depredadores. Se puede comprobar con facilidad en los perros, viendo cómo determinadas personas son queridas o no por dichos animales, o en los comentarios de los hombres de campo, que suelen decirte que le hueles bien o mal al perro correspondiente.

Recuerdo que de pequeño me daba miedo la oscuridad, como a muchos niños. Los peores momentos eran cuando mis padres salían a cenar fuera. Mi sueño era desapacible e inquieto, pero en un momento dado, sin ningún tipo de ruido que me pudiera indicar su presencia, ya que mi habitación estaba alejada de la suya, en un momento dado, como decía, «olía» a mi madre. Entonces todo se transformaba en paz y sosiego, mi sueño se volvía tranquilo y apacible. Cuando después se lo contaba, siempre, entre bromas, me preguntaba si era porque «olía mal».

Para mí mismo, siempre fue una incógnita cómo podía sentir la llegada de mi madre, hasta que, ya adulto, descubrí algo llamado «olfato intuitivo».

EJERCICIOS

a) Necesitarás que alguien te ayude con este ejercicio. Tendrás que vendarte los ojos o cerrarlos (sin hacer trampas). Tu ayudante te irá dando a oler diversos productos. Inhala y explora las sensaciones que te produce cada olor. Anota los detalles. Cuantos más aprecies más potenciarás tu sentido del olfato. Busca elementos cuyo olor se pueda confundir con otros similares y esfuérzate en diferenciarlos.

b) Comienza a asociar a las personas que te rodean con sus perfumes o colonias.

c) Entra en una tienda de flores y huele todas las flores y plantas que puedas. Distingue entre sus diferentes fragancias. Ya que has entrado en una floristería, compra un ramo de flores, lo más variado posible, y al llegar a casa colócalas extendidas sobre una mesa. Véndate los ojos y después de olerlas una a una trata de decir cuáles son. Una vez más, es conveniente que en este ejercicio alguien te ayude.

EL TACTO

Se puede decir que es el sentido superior y más complicado de administrar. El tacto es intuitivo consiste en sensibilizar la mano al saludar, percibir a través de objetos ajenos, etc. El tacto es aumentado y potenciado si a la vez el oído está «oyendo».

La química está en la piel. No des la mano sin ton ni son

El tacto es también la vía de entrada de la psicometría, o conocimiento obtenido por los mediums de una persona o acontecimiento a través del contacto con objetos. Aunque todavía no seas medium, estarás de acuerdo conmigo en que a través de las manos das y recibes mucho.

No creo que haga falta recordar que para los ciegos el tacto es el sentido que realmente los pone en contacto con el mundo exterior. Es, casi, su más preciado sentido.

En mis años de estudiante, conocí a una persona invidente, estudiante de Derecho, que me hizo una jugarreta que no podré olvidar. Me trajo de cabeza y aún hoy, cuando recuerdo esa historia, me sigo sorprendiendo y maravillando del indescriptible poder, y de la inagotable fuente de conocimiento que puede aportarnos nuestro tacto.

Hacía pocos días que había conocido a una chica, nos gustábamos y empezábamos a tontear.

A Luis, mi amigo invidente, lo veía ocasionalmente,

vamos que ni sabía de mi historia, ni, con seguridad, nadie le podía haber hablado de aquellos inicios de lo que después fue un noviazgo.

Pues bien, un buen día, insisto en que sólo llevaba saliendo con aquella chica un par de días, nos encontramos por la calle con Luis. Para ser más concretos, nosotros íbamos caminando y Luis iba delante de nosotros, acompañado de unos compañeros de facultad.

Lo abordamos por la espalda y le presenté a «mi novia». Después de los saludos de rigor le pidió permiso para tocar su cara, que es el método que los invidentes utilizan para «ver».

Cuál fue mi sorpresa cuando al tocarle el pelo le dijo: «Eres muy guapa, y tienes un pelo rubio precioso».

¡¿Cómo que tienes un pelo rubio precioso?! Me cansé de jurar y perjurarle a «mi novia» que no le había dicho nada de ella a Luis, que el primer sorprendido era yo.

Nunca me creyó.

Tiempo después, sin novia ni nada, hablando con mi amigo le pedí que se dejara de bromas y me confesara quién le había hablado de ella. Él me respondió: «Amigo, aunque te parezca difícil de entender, el tacto del pelo rubio es diferente al del pelo moreno y al del pelirrojo».

¿Necesito contarte algo más para que entiendas que el tacto es una de nuestras fuentes inagotables de información?

Sería recomendable que alguien te ayudara en este ejercicio, ya que corres el riesgo de caer en las trampas que nosotros mismos nos hacemos.

a) Esa persona que te ayude debe colocar en una mesa una gran cantidad de objetos de distintas formas y texturas. Dile que escoja cosas como por ejemplo una lima de uñas, un bolígrafo, un estuche, un garbanzo, etc. A continuación procede a vendarte los ojos. Coge los objetos uno a uno tratando de reconocerlos y vete dejándolos al otro lado de la mesa de forma ordenada. Utiliza una grabadora para ir dejando constancia de tus aciertos y errores. También puedes, con los ojos vendados, elegir uno al azar y tratar de describirlo lo más detalladamente posible. Al principio te resultará más fácil reconocerlos cuanto más distintos sean.

b) Ahora complícalo un poco más. En los siguientes ejercicios utiliza objetos que se diferencien menos entre sí y trata de describirlos correctamente. A menores diferencias, mayor será tu satisfacción si logras reconocerlos.

c) ¿Recuerdas el ejercicio en el que tenías que recordar una serie de objetos de un vistazo? Aplícalo ahora, pero de manera diferente. Pon todos esos objetos en una bolsa opaca, revuélvelos en su interior y coge uno cualquiera. Al principio, con la mano en el interior de la bolsa, tócalo, pálpalo, acarícialo y después sácalo metido en tu mano fuera de la bolsa y trata de descubrir qué objeto estás tocando.

d) Repite el ejercicio anterior, pero con objetos totalmente diferentes a los anteriores. Pídele a alguien que te ayude y que los seleccione sin que tú veas ninguno. Intenta no tener referencia alguna de ellos.

e) En los momentos en que estés en casa, leyendo, viendo la televisión, etc., acostúmbrate a acariciar objetos cotidianos de manera distraída. Debes habituarte a tocar y palpar cualquier tipo de cosas de manera casual, deja que tu tacto se desarrolle de forma intuitiva, sin enjuiciar.

f) De todos los ejercicios, este quizá sea el más interesante. Desde ahora, cada vez que le des la mano a alguien, percibe la sensación inmediata de la mano. No des la mano de manera mecánica, siente tu mano (ya sabes cómo. Aplica el inicio del ejercicio de la «burbuja de luz», es tu punto de referencia). Después de sentirla, extiende y percibe la mano de esa persona, la mano que estrechas.

Permite que la «química» te cuente cosas. La sensación sería comparable con «el flechazo».

Conforme vayas avanzando en tu adiestramiento sensorial, en tu adiestramiento táctil, te darás cuenta de que, en determinados momentos, tocando ciertos objetos, percibes algo distinto. Hay algunos que tienen determinada cantidad de energía en sí mismos, es como percibir que esos objetos poseen algún tipo de energía especial, es como si tuvieran poder.

Este podría ser el inicio de tus habilidades psicométricas, es decir, la capacidad de sentir determinadas propiedades de los objetos a través del tacto te permitirá «saber» mucho más de las personas a quienes pertenecen.

EL REFINAMIENTO DE LOS SENTIDOS, EL PLACER EN SÍ MISMO:

EL GUSTO

El gusto conduce al refinamiento y nos refuerza otras percepciones como son el olfato y el tacto. Este sentido además te educa y mejora el espíritu. Es un fantástico potenciador del olfato.

Sería también recomendable que para los siguientes ejercicios pidieras ayuda a alguien.

a) Coge algunos platos pequeños y pon en ellos trozos de diversos alimentos procurando que sean de diferentes sabores y texturas. Puedes utilizar cereales, frutas, legumbres, verduras, mezcla dulce y salado. Después véndate los ojos. Ahora tu ayudante debe ir introduciendo en tu boca los distintos alimentos. Tómate tu tiempo, paladéalos, intenta recrearte en las sensaciones y sabores que se desprenden de ellos. Descríbelos, retira la venda de tus ojos y toma nota de todas esas sensaciones y recuerdos. Por escrito, intenta adivinar qué tipo de alimento es cada uno de ellos y después comprueba tus aciertos.

b) Para este ejercicio pide que te hagan cuatro o cinco tipos distintos de arroz. Una vez tengas estos arroces en varios platos, con los ojos vendados, trata de diferenciarlos. No olvides tomar siempre notas o grabar estos ejercicios. Este ejercicio también puede hacerse en un restaurante con cuyos dueños tengas confianza.

c) Como seguramente sabes, el agua no siempre sabe igual. Prueba a beber distintos tipos de agua y diferenciar sus sabores. Lo más sencillo es empezar por distinguir el agua del grifo de la mineral.

d) Prueba alimentos sin sal o sin azúcar. Para este ejercicio puedes usar el café, la carne, etc.

El sentido del gusto va íntimamente relacionado, como te decía antes, con el del olfato y también con la vista.

Una de las asignaturas que estudiábamos en la facultad de Medicina era la Fisiología Humana. Entre sus lecciones había una que, por su título, nos provocaba cierta risa, era «El hambre y las ganas de comer». Realmente son dos cosas bien distintas, pero uno de los factores importantes era la presentación de los alimentos. Por ejemplo, si en el lugar en el que estamos comiendo la luz es azul, no sólo se vuelve menos apetecible la comida, sino que la percepción del gusto cambia y nos provoca una alteración, haciéndola menos agradable. Vamos, que sabe peor.

Permíteme que te ofrezca algunas indicaciones útiles.

Prescindir de los sentidos que no vayas a usar en un determinado ejercicio aumenta la capacidad perceptiva del que estás utilizando. Por lo tanto, a veces te resultará muy práctico cerrar los ojos, taparte los oídos, etc.

A medida que vayas practicando los ejercicios de los apartados anteriores verás que hay miles de acontecimientos que anteriormente se habían escapado a tu mente consciente. Tan sólo la práctica y el tiempo harán que tus sentidos se vuelvan más refinados y se conviertan en **Supersentidos.**

Con este mayor desarrollo de tus sentidos, tal como ocurría en el capítulo anterior, comprobarás que, utilizándolos de una manera adecuada, tu calidad de vida mejora, tú te sentirás bien y comenzarás a usar el cerebro de manera lógica y racional.

Vuelvo a repetir, porque creo que es de gran importancia, lo que en el capítulo anterior te decía:

En cualquier segundo de nuestra vida, sumados todos los estímulos que pasan por nuestro cerebro procedentes de nuestros cinco sentidos, se calcula que son cerca de once millones de bits de información. Tan sólo procesamos dieciséis bits de manera consciente

He intentado, a lo largo de estos dos últimos capítulos que, a través de tus sentidos, no sólo te volvieras más receptivo, sino también que te conozcas un poco más. A medida que vas adiestrándote en estas habilidades, tu sensación interior es cada vez más fuerte, tu seguridad interior va aumentando cada día y eso, en el fondo, es lo más importante.

Los procesos mentales están limitados por el aprendizaje social y, por ello, como se ha dicho, no hemos llegado a manipular el resto de nuestra mente. El creer realmente en nosotros mismos, como una forma de apoyar nuestro futuro, podría no significar nada ni tener ningún efecto posterior. Pero, probablemente, de manera inconsciente, estamos fortaleciendo nuestra visión optimista de la vida y ello, sin duda alguna, optimiza los resultados que esperamos. Es lo que llamamos comúnmente «mente positiva», y aumenta el incentivo con relación a un fin determinado. Mantener y potenciar «nuestra mente positiva» es una de las más importantes ocupaciones en las que debemos «perder nuestro tiempo». Te invito a hacer una reflexión: Si no tienes referencias propias para crecer, ¿en qué te apoyas?, ¿qué te sujeta?

Sin ti nada es posible, pero recuerda que tampoco eres imprescindible; por tanto, sin referencias para crecer, ¿desde dónde creces?, ¿hacia dónde creces?, ¿qué apoyos tienes, en ti mismo, que puedas usar como referencia?

Para todo crecimiento interior es básico ampliar horizontes, estudiar, cultivarse lo máximo posible. Debemos comprometernos con una forma de vivir en la que el aprendizaje continuado sea uno de nuestros principales propósitos.

El mejor modo de afrontar las distintas pruebas y retos que nos plantea la vida a diario es saber valorar los estímulos externos y comprenderlos en su plenitud.

Tenemos que aprender a sentir hacia fuera y hacia adentro, en ambas direcciones; estar en contacto, de manera responsable, con el mundo exterior y fundamentalmente con nuestro mundo interior, con nosotros mismos, con nuestro YO.

Capítulo 6

El salto definitivo

El corazón, el despertar de la intuición, los ejercicios de desarrollo, visualizar, ver, oír, sentir dentro de nuestra «burbuja de luz»: este es el objetivo del capítulo.

Un ejercicio de relajación dinámico en el que, transformando las paredes de la «burbuja de luz» en grandes ventanales vamos a viajar dentro de ella a nuestras vivencias y provocar la recogida de información de manera automática.

Seguimos creciendo, somos cada vez más fuertes, de eso ya no hay ninguna duda.

En el ejercicio que vamos a realizar a continuación, necesito que prestes toda tu atención, ya que es muy especial. Cuando estés preparado para él, es decir, cuando hayas superado los ejercicios anteriores, resérvate un fin de semana.

De la seguridad en ti mismo, de tu esfuerzo y de este pequeño sacrificio depende todo.

¿No es acaso cierto que gracias a este tiempo de desarrollo estás mejor cada día? ¿No has empezado a notar que tu entorno ya ha mejorado apreciablemente? Por descontado que la respuesta a estas dos preguntas es, sin ninguna duda, «SÍ».

Para que esta misión tenga éxito necesito que durante casi todo un sábado y un domingo por la tarde te concentres en estos ejercicios. Estos representan una especie de subida de nivel, un cambio de dimensión.

Para evitar interferencias en los ejercicios también te rogaría que durante estos dos días, no vieras la televisión. El exceso de imágenes que la televisión supone nos podría provocar interferencias y contaminación que no son nada aconsejables para el buen desarrollo de estos ejercicios.

Este es el último proceso y consta de tres fases:

- **Creación sensitiva**
- **Modificación del espacio**
- **Aplicación del método**

Si durante el tiempo programado has realizado todos los ejercicios y como consecuencia has comprobado que tus habilidades han ido en aumento, ha llegado por fin el momento de «destapar el frasco de las esencias».

A lo largo de los capítulos anteriores, he intentado

que te interesases por el mundo que te rodea y por ti mismo. A partir de ahora, vas a dejar que todos los datos almacenados se sumen por sí solos conectando directamente con tu intuición.

Voy a orientarte sobre cómo percibir tus corazonadas.

LOS TRES PASOS HACIA LA INTUICIÓN

PRIMER PASO: LA CREACIÓN SENSITIVA

Durante el fin de semana que te he pedido que dediques a estos ejercicios realizaremos este **primer paso**. El momento indicado para ello será el sábado hacia el mediodía después de haber desayunado y haber dado un paseo de, aproximadamente, media hora.

Para iniciar este ejercicio deberás empezar con el ejercicio básico. Sitúate en tu espacio de relax y una vez dentro de la «habitación de luz» colócate frente a la pantalla para comenzar con la proyección diaria.

Tienes ante ti la pantalla que sirve para proyectar tus pensamientos y acontecimientos del día. Ahora vas a dirigir tu inteligencia, tu voluntad, sobre una caja. Proyecta una caja, una caja muy especial, adornada con gran detalle. Esa caja es un joyero, un joyero con su tapa entreabierta y de cuyo interior salen destellos de luz, una luz intensa pero apacible que penetra a través de tus ojos con fuerza. Esa luz proviene del brillo de unas piedras preciosas que están en su interior. Mira las piedras y observa que una de ellas es un diamante, un diamante perfecto. Observa sus destellos; limpios, intensos, atractivos. A su lado hay un espectacular rubí. Sus destellos rojos son como el fuego, observa su luz. Junto a él, una magnífica esmeralda verde intenso. Toda la naturaleza parece reflejarse en ella. Por último, entre las tres piedras ves una perla, redonda, perfecta, que parece una pequeña luna. Observa su brillo de arco iris con atención.

Delante de ti, en tu pantalla, está ese joyero que contiene tus piedras; las piedras de tu intuición. Con este joyero, con sus piedras (el diamante, el rubí, la esmeralda) y con la perla, acabamos de reunir los últimos elementos de trabajo. Ahora relájate bien. Concentra tu inteligencia, concentra toda tu atención en el diamante, en sus destellos de luz. Fíjate como parece estar latiendo. Su brillo late. Sus latidos son armoniosos, tranquilos y te invitan a sincronizarte con ellos. Tus latidos, los latidos armónicos de tu corazón, se armonizan con los latidos del diamante y el diamante va latiendo al mismo ritmo que tu corazón. El diamante y tu corazón están sincronizados.

Extiende tu mano y coge, materializa en tu mano ese diamante, siente los latidos de su luz en tu mano. Acerca ahora tu mano, con el brillante en ella, a tu corazón. Ambos laten a la vez; el diamante y tu corazón son uno solo.

Acabas de crear un diamante virtual, tu «diamante virtual», al que recurrirás siempre que desees que sea directamente tu corazón el que te responda.

Cada vez que realices tus trabajos desde este espacio de profunda relajación y desees sentir tu corazón, sólo deberás coger el diamante de su caja y colocarlo sobre tu corazón. Diamante y corazón son la misma cosa, sienten lo mismo.

El diamante, es el potenciador de tu corazón intuitivo, de tus sentimientos intuitivos.

Guarda, el diamante en su caja. Cuando desees, podrás recogerlo y utilizarlo de nuevo.

Pausa para meditar sobre el diamante

Una vez guardado el diamante relaja todas tus tensiones. Cada vez te resultará más sencillo sentirte profundamente relajado.

A continuación concentra de nuevo tu inteligencia en tu pantalla y en el joyero, en el que has guardado el diamante. Obsérvalo atentamente y verás que salen nuevos destellos. Son unos destellos de color rojo intenso. Acerca tu mano y coge un espectacular rubí, el rubí más hermoso que jamás hayas visto.

Concentra tu mirada en esa piedra, observa la intensidad de su brillo y ahora acércala a tu oído, primero a uno y luego al otro. Acércalo primero al oído izquierdo y después al derecho, siente cómo la luz roja penetra por tus oídos, siente la paz que te da esa luz.

Cada vez que realices tus trabajos, cada vez que desees percibir el contenido real de una conversación, cada vez que desees que sea tu oído, la vía intuitiva la que se ponga en funcionamiento y quieras recordar una conversación o una frase determinada, sigue el método. Adquiere este nivel de relajación y con sólo aproximar tu oído a la piedra roja, a ese hermoso rubí, volverás, de nuevo, a oír ese momento. Será el oído quien te dará la clave.

El rubí es tu potenciador del oído intuitivo

Deja de nuevo el rubí en el joyero. Guarda el rubí en su caja. Cuando desees, podrás recogerlo y utilizarlo de nuevo.

Pausa pera meditar sobre el rubí

Relaja nuevamente todas tus tensiones. Estás más profundamente relajado cada vez.

Concentra de nuevo tu inteligencia sobre el joyero; son los destellos verdes los que ahora salen del joyero. Extiende de nuevo tu mano y coge la esmeralda. Su verde inunda tus ojos, es el verde más maravilloso que jamás hayas visto. Su luz está en tus ojos. Acerca tu mano con la esmeralda a tus ojos, primero al izquierdo y luego al derecho. Cada vez que te encuentres en este nivel de relajación y desees «visualizar» claramente una escena, cada vez que desees que sean tus ojos, la vía intuitiva, la que se ponga en funcionamiento y quieras recordar una imagen, o una situación determinada, sigue el método. Sólo con acercar la esmeralda, volverás a ver de nuevo esa situación. Serán tus ojos quienes te den la clave.

La esmeralda es tu potenciador de la vista intuitiva

Guarda la esmeralda en su caja. Cuando desees, podrás recogerla y utilizarla de nuevo.

Pausa para meditar sobre la esmeralda

Relaja por última vez todas tus tensiones. Estás más profundamente relajado cada vez. Concentra de nuevo tu inteligencia sobre el joyero. Son los destellos irisados los que ahora salen del joyero. Extiende de nuevo tu mano y coge la perla. Sus matices irisados son únicos, parece que toda tu piel estuviera bañada por el arco iris. Sus brillos están en tu piel. Acerca tu mano con la perla a tu cara, a tus brazos, cámbiala de mano y percibe una agradable sensación en toda tu piel, en tus manos. Cada vez que te encuentres en este nivel de relajación y desees «percibir» de manera táctil claramente a una persona a la que hayas estrechado la mano, cada vez que desees que sean tus manos, la vía intuitiva, la que se ponga en funcionamiento y quieras recordar una sensación química, o una situación determinada, sigue el método. Sólo con sujetar en tus manos la perla volverás a percibir de nuevo esa sensación. Serán tus manos quienes te darán la clave.

La perla es tu potenciador de la mano intuitiva

Guarda, la perla en su caja. Cuando desees, podrás recogerla y utilizarla de nuevo.

Pausa para meditar sobre la perla

Para salir de este ejercicio de creación sensorial debes regresar a través de la pantalla; es la puerta de entrada a tu intuición.

Inspira profundamente y termina con la proyección. Observa que una vez más, sobre la pantalla han quedado restos de polvo, de suciedad, acércate con tu voluntad a la pantalla y, con un paño que está en uno de los lados de ella, limpia sin dejar rastro toda esa suciedad, todo ese polvo.

Inspira de nuevo profundamente. Estás al lado de la pantalla, frente a ella. Extiende la mano en la que llevas el trapo y avanza hacia la pantalla. Trapo, mano y pantalla comienzan a fundirse. Tu brazo, tu cuerpo avanzan sobre esa pantalla como si fuera una puerta, un lugar de salida. Al otro lado de la pantalla, de la puerta, la luz es más tenue, más suave. Al otro lado observas como hay alguien, una persona. Fíjate en su ropa, en su postura. La ropa te resulta familiar, la postura también. Comienzas a reconocer quién es. Tus manos lo sienten, tu cabeza también lo siente; eres tú mismo. Vas sintiendo como, poco a poco, tu mente, tu voluntad, vuelven a tu cuerpo físico, te encuentras profundamente relajado y en óptimo estado de salud. Vuelve a inspirar profundamente y al expulsar el aire abre suavemente los ojos, estás de nuevo en tu espacio de relajación. Levántate y estira todo tu cuerpo.

Recuerda siempre que, cuando salgas de estos ejercicios, deberás repetirte y proyectar sobre tu imagen en la pantalla las frases que hemos utilizado antes:

- **«Cada día y conforme pasan los días toda mi mente y todo mi cuerpo están cada vez más en contacto»**.

- **«Cada vez que realizo este ejercicio de relajación mi mente crece y mis facultades se desarrollan más y más»**.

- **«Ningún acontecimiento podrá debilitar mi mente ni mi cuerpo»**.

- «Cada día estoy siendo mejor, mejor y mejor».

- «El mundo ha sido inventado para mí y por eso, lo manejo con seriedad y responsabilidad».

- «Solo yo soy responsable de mis actos y de las consecuencias que puedan provocar».

- «Soy el único responsable de mi vida y respeto mis decisiones».

- «Toda la información que poseo me hace cada día más y más fuerte».

Después de este ejercicio tómate un descanso de media hora. Trata de no comer nada durante este tiempo y bebe toda el agua que quieras. Sal de tu lugar de relax, da un paseo, sal a la calle, en otras palabras; distráete.

Haz tu vida normal el resto de la mañana y recuerda conscientemente lo que has hecho, cómo el espacio ha ido cambiando y cómo las entradas y salidas de tu lugar de trabajo mental son cada vez más y más rápidas.

Come con tu familia o como tengas costumbre. No te llenes demasiado, trata de comer más bien poco, fresco y sano. Un buen ejemplo podría ser pasta, arroz, ensaladas, fruta fresca, etc.

Por la tarde, entre las cuatro y las cinco, cuando puedas regresar a tu lugar de relax, cierra los ojos y realiza el ejercicio de relajación de la «burbuja de luz». Ya puedes utilizar el procedimiento de entrada rápida.

Cuando te encuentres en tu «habitación de luz» te dispondrás a realizar una pequeña transformación dentro de la «habitación de luz». Imagina, «ve con tus ojos», como la pantalla comienza a recogerse y toda la pared circular que se muestra frente a ti comienza a hacerse transparente. Sí, estás flotando en el espacio y allí al fondo está la Tierra. Dirige toda tu atención hacia tu planeta y, poco a poco, dirige tu burbuja transparente hacia allí. Al principio no quieras correr, acércate poco a poco, con el tiempo correrás. Ves el sistema solar, la Luna y la Tierra. Miras la Tierra y ves tu país, tu ciudad y a partir de ahí vas a dirigirte al lugar que desees.

Como prueba de desplazamiento dirígete voluntariamente a aquellos lugares que te resulten más familiares como tu casa, tu lugar de trabajo, la casa de tus padres, de tus amigos. Realiza esta parte del ejercicio como si te pasearas por estos lugares. Tú los ves a todos, pero nadie te ve a ti. Pasea como si vieras una película sin involucrarte, sólo sintiendo, no juzgues ni prejuzgues, siéntelo tal cual, sin ningún tipo de análisis. Sólo te estás paseando, sin participar en nada, eres un espectador de la vida, de TU VIDA.

Para salir del ejercicio inspira profundamente y observa como, poco a poco, la pantalla vuelve a descender. De nuevo estás solo en tu «habitación de luz». Acércate con tu voluntad a la pantalla, está al alcance de tus manos, la ves con claridad. Vuelve a inspirar profundamente, estás al lado de la pantalla, frente a ella. Extiende una mano y avanza hacia la pantalla. Mano y pantalla comienzan a fundirse. Tu brazo, tu cuerpo avanzan sobre esa pantalla, como si fuera una puerta, un lugar de salida. Al otro lado de la pantalla, de la puerta, la luz es más tenue, más suave. Al otro lado observas que hay alguien, una persona. Fíjate en su ropa, en su postura. La ropa te resulta familiar, la postura también. Comienzas a reconocer quién es, tus manos lo sienten, tu cabeza también lo siente; eres tú mismo. Vas sintiendo como, poco a poco, tu mente, tu voluntad, vuelven a tu cuerpo físico, te encuentras profundamente relajado y en óptimo estado de salud. Inspira de nuevo profundamente y al expulsar el aire abre con suavidad los ojos, estás de nuevo en tu espacio de relajación. Levántate y estira todo tu cuerpo.

Una vez más recuerda que, cuando salgas de estos ejercicios, deberás repetirte y proyectar sobre tu imagen en la pantalla frases como estas:

- **«Cada día y conforme pasan los días toda mi mente y todo mi cuerpo están cada vez más en contacto»**.

- «Cada vez que realizo este ejercicio de relajación mi mente crece y mis facultades se desarrollan más y más».

- «Ningún acontecimiento podrá debilitar mi mente ni mi cuerpo».

- «Cada día estoy siendo mejor, mejor y mejor».

- «El mundo ha sido inventado para mí y por eso, lo manejo con seriedad y responsabilidad».

- «Sólo yo soy responsable de mis actos y de las consecuencias que puedan provocar».

- «Soy el único responsable de mi vida y respeto mis decisiones».

- «Toda la información que poseo me hace cada día más y más fuerte».

Durante la siguiente hora distráete leyendo, paseando o como quieras pero, por favor, durante esa hora, no veas la televisión.

Si todo ha ido como espero, todo este proceso te llevará, incluido el descanso, una hora, hora y media aproximadamente. Una vez haya transcurrido este tiempo, después del descanso, repite de nuevo el ejercicio; repite los pasos primero y segundo.

Por hoy ya ha sido suficiente, son cerca de las nueve de la noche y deberías llevar a alguien a cenar, o ir al cine, o pasar una noche tranquila en la que te pido que no te acuestes demasiado tarde.

El domingo haz tu vida normal «de domingo», tienes libre hasta después de esa comida apetitosa y ligera que deberás hacer igual que hiciste el sábado. A la misma hora que el día anterior, es decir, entre las cuatro y las cinco, vuelve a tu lugar de relax para comenzar de nuevo con los ejercicios.

TERCER PASO: APLICACIÓN DEL MÉTODO

«Es como intentar explicar la esencia de lo intangible.»

Soy consciente de que tratar de explicar el fenómeno intuitivo es como intentar explicar el amor, la libertad, etc... Es algo que ves, sientes, percibes, con una intensidad tal, que no deja lugar a dudas.

Hasta aquí he desarrollado una serie de técnicas y ejercicios que, desde mi punto de vista, son los más efectivos para hacer nacer la intuición. Tampoco olvides que una de las grandes aportaciones a tu vida diaria es que con estos ejercicios tus tensiones, tus preocupaciones, el cansancio provocado por estados de estrés han ido desapareciendo de forma inmediata.

Te sientes mejor, tu salud está cada vez mejor, te sientes más fuerte y más seguro de ti. Posees pues los instrumentos para que se desarrolle el fenómeno intuitivo, pero **¿cómo ponerlo en marcha?**

Comencemos por los que van a ser los últimos ejercicios.

a) Sitúate, físicamente, en tu lugar de relax, el lugar en el que habitualmente realizas tus ejercicios diarios. Empieza por realizar el ejercicio de entrada rápida a tu «habitación de luz». Es decir: Te sientas o te tumbas. A continuación entra en la «burbuja de luz»; la que creaste en el primer ejercicio de relajación dinámica. Una vez dentro de la burbuja, recuerda, observa, que en ese lugar tienes colocada una pantalla, una puerta. Visualízala con total claridad y, a través de ella, entra en tu «habitación de luz». Percibe la paz y la armonía que residen en este espacio subjetivo. Obsérvalo, recréate en él.

Sitúate ahora frente a la pantalla y proyecta en ella la imagen del joyero, la caja que contiene tus joyas intuitivas. Elige la gema que desees utilizar y con ella en tu mano, realiza el proceso de modificación del espacio: **el segundo paso.**

En este momento recoge la pantalla y vuelve transparente tu espacio.

Realiza todo el proceso con detalle y selecciona con detenimiento los lugares que desees recorrer. ¡¡Siente sin enjuiciar la situación, el momento elegido!!

Durante el viaje notarás con frecuencia que otras imágenes o datos se te mezclan por el medio. Esto ocurre cuando las partes de información provienen de distintos medios, de distintas procedencias. No las analices, simplemente, permite que se encajen por sí solas en el total de la historia y que te aporten su información.

La intuición no es un fenómeno que se produzca a diario, más bien al contrario; la intuición es un fenómeno que sólo se produce en determinadas ocasiones. Todo este proceso de aprendizaje está dirigido a la captación de información, a facilitar la manifestación de dicho fenómeno de manera más frecuente, pero esto no quiere decir que todos los días tendrás un golpe intuitivo. No, sencillamente, ahora estás preparado para que se manifieste con más facilidad, de manera más frecuente.

Selecciona el área de tu vida a investigar: la familia, el trabajo, los hijos, etc. Elige para cada una de ellas la piedra que consideres mas útil.

Por ejemplo:

• **Para ver los resultados en forma de imágenes utiliza la esmeralda.**

- **Para oír los resultados en forma de frases usa el rubí.**
- **Para sentir los resultados con el corazón ayúdate con el brillante.**
- **Para percibir los resultados por las manos hazlo con la perla en ellas.**

Al inicio usa sólo una cada vez para todo el proceso. Es decir, si eliges la esmeralda, úsa sólo esa piedra durante tu viaje intuitivo.

Si no tienes ninguna sensación especial, no te desanimes, como te he dicho, la intuición no es cosa de todos los días.

«LO INTANGIBLE»

Al recorrer los lugares elegidos, sentirás palpitaciones, verás películas, oirás frases o percibirás escalofríos o golpes de calor y tendrás sensaciones de humedad de una forma única. No te lo puedo explicar, pero la sensación es totalmente diferente a cualquier otra que hayas sentido nunca. Ese es el signo, la señal.

Te aseguro que es inequívoca.

Debo seriamente insistir en que el proceso intuitivo no se produce a diario, el proceso se manifiesta cuando has interiorizado todo un archivo de informaciones; las has ido visualizando día a día en tu «habitación de luz» y, en el momento necesario, se manifestarán ante ti con señales inequívocas. Las conoces, las has sentido en todo este proceso de automatización, en el que, de forma pasiva, has ido acumulando información.

No toda la información sobre la misma materia tiene que venir necesariamente del mismo lugar. Por eso debes dejar que la información fluya y que ella se manifieste cuando esté lista o cuando reclamemos su manifestación sensitiva.

Quiero llamar tu atención para que lo comprendas así de forma sensitiva. En poco tiempo el proceso se convierte en automático. Así es, un día, uno imposible de precisar, notarás que tu intuición se manifiesta sin pasar por la «habitación de luz», es decir, sin realizar ningún ejercicio. Pues bien, ese va a ser el momento en que todo el proceso explicado se transforma en automático. Tras la repetición diaria de los ejercicios acabarás desarrollando una sensibilidad particular que permitirá que el fenómeno intuitivo se manifieste espontáneamente sin pasar por todo el proceso.

NOTA IMPORTANTE

El estado alterado de conciencia que se logra durante la realización de los ejercicios de relajación, relativiza y alarga apreciablemente el tiempo: se produce una distorsión temporal. Unos días, tendrás la sensación de haber estado «horas» en la «habitación de luz» y otros, sólo un instante. No te preocupes por ello ya que es normal y un síntoma inequívoco de que has realizado correctamente el ejercicio.

Por fin el círculo se ha cerrado, el adiestramiento básico y el avanzado se han acabado. Ya tienes toda la iniciación terminada, ahora te queda ponerla en práctica.

No quiero ser pesado, ni dar la sensación de que te persigo, pero es importante que recuerdes siempre que al salir de estos ejercicios debes repetirte y proyectar sobre tu imagen en la pantalla frases como las siguientes:

- «Cada día y conforme pasan los días toda mi mente y todo mi cuerpo están cada vez más en contacto».

- «Cada vez que realizo este ejercicio de relajación mi mente crece y mis facultades se desarrollan más y más».

- «Ningún acontecimiento podrá debilitar mi mente ni mi cuerpo».

- «Cada día estoy siendo mejor, mejor y mejor».

- «El mundo ha sido inventado para mí y por eso, lo manejo con seriedad y responsabilidad».

- «Sólo yo soy responsable de mis actos y de las consecuencias que puedan provocar».

- «Soy el único responsable de mi vida y respeto mis decisiones».

- «Toda la información que poseo me hace cada día más y más fuerte».

Y ahora olvídate de todo lo que has aprendido pero quédate con todo y relájate. Continúa con tus ejercicios de absorción de información y en tu «cuaderno de campo» comienza a anotar todo lo que se te ocurra en diversas ocasiones.

Intuir significa provocar una reacción en cadena, no racional, basada en la unión aleatoria de todos los datos de información que tenemos en nuestro subconsciente; y no «saber sin tener ni un sólo dato de esa información».

El interés por saber cualquier tipo de cosas, fijarse en los detalles, provocar este mecanismo de manera automática será, a partir de ahora, sólo cuestión de tiempo y práctica diaria de los «tres pasos».

Cada día verás cambios y avances y te sentirás más

fuerte y mejor. Tu calidad de vida mejorará apreciablemente y, sobre todo, notarás que la confianza en ti mismo aumenta apreciablemente.

Y ahora el gran misterio:

Después de la racional comprensión del método, la aplicación es ilógica.

Cuantos más datos de todo tipo obtengas, mayor abundancia de golpes intuitivos tendrás. Sólo la casualidad puede desbaratar nuestras conclusiones, pero «casualidad» significa que no has dejado a lo imposible manifestarse en la información global. En la «foto» también se pueden observar «las sombras de la foto», el «otro» factor.

Por otro lado, pienso que la intuición puede desarrollarse y se desarrolla con más rapidez con la participación activa en el mayor número de actividades. Cuantos más datos podamos recoger en la mayor cantidad posible de lugares y situaciones y cuanto mayor sea la cantidad de tareas, mejor.

Las lluvias de datos provocan que estos datos se remuevan y, por tanto, se puedan unir con más facilidad.

_____

En conclusión: Comprender el fenómeno intuitivo es fundamental para la toma de decisiones y requiere dedicación y esfuerzo

_____

Capítulo 7

¿Sabes leer el pensamiento?

En los capítulos anteriores, dentro del proceso de adiestramiento, no te había dado ninguna interpretación del lenguaje corporal mas allá de la mera observación. El arma que voy a poner en tus manos en el presente capítulo no sólo te va a servir para comprender casi toda la información que llevas almacenada en tu mente, sino que, realmente, te va a hacer crecer y sonreír. Al final de estas páginas, los niveles de tu autoestima alcanzarán el nivel de **MASTER.**

Es evidente que en la historia de la comunicación humana el cuerpo tiene gran importancia. No sólo la actitud corporal propia sino también la de los que nos rodean. ¿Quién no se ha sentido provocado por la actitud corporal de una persona, o acosado por su mirada? Es evidente que nuestro cuerpo habla, se comunica.

Este estudio, el estudio de **la comunicación no ver-**

bal, es de fundamental importancia en el trabajo de actor. Tanto el estudiante de arte dramático como el más experto de los actores deben aprenderla, ya que les proporciona las claves de la interpretación para un determinado papel, de una determinada forma de comportarse. Nada nuevo te cuento si te digo que, en el fondo, la vida es un gran teatro. Calderón de la Barca lo refleja magníficamente en su auto sacramental *El gran teatro del mundo.*

Y aquí estás tú representando un papel que muchas veces no comprendes, y lo peor de todo es que tampoco conoces muchas veces qué papel representan muchos de los que te rodean. Luigi Pirandello, Premio Nobel de literatura, nos lo cuenta en su obra *Seis personajes en busca de autor.*

En estas obras se reflejan las ideas filosóficas de los autores, así como la existencia de un arraigado conflicto entre los instintos y la razón. Igualmente, consideran que las acciones concretas no son ni buenas ni malas en sí mismas, sino que lo son según cómo se las mire.

También en la música se refleja esta idea. Personalmente me quedo con este estribillo:

«... más cine por favor,
que todo en la vida es cine,
que todo en la vida es cine,
y los sueños, cine son.»

L. E. AUTE

Pero no nos desviemos de nuestro objetivo principal, comprender y analizar la información de una de las más primitivas vías de la comunicación humana: **la comunicación no verbal**.

Todos los gestos, los símbolos, se construyen a sí mismos, basándose en experiencias.

¿Cómo movías las manos a los dieciséis años?, y ¿cómo las mueves ahora?

Hace bastantes años conocí a una persona que era capaz de decir qué edad tenías tras observar durante un instante cómo movías las manos.

De ciertas costumbres, de ciertos hábitos, guardamos muchos actos reflejos. Un niño pequeño, cuando miente, se tapa la boca con las manos. Algo de estos hábitos lo arrastramos a nuestra madurez: cuando mentimos, casi siempre nos llevamos una mano a la cara que interrumpe nuestras palabras, nos tocamos la nariz, la mejilla...

A lo largo de nuestra vida, el cuerpo es capaz de fabricar un sistema natural de símbolos. Las relaciones sociales del hombre le proporcionan prototipos para relacionar, lógicamente, las cosas entre sí.

¿TELEPATÍA?

De hecho, todos leemos la mente, y lo hacemos constantemente todos los días. Tratamos de entender qué es lo que sienten o piensan nuestros amigos, familiares compañeros, etc... Normalmente, sabes si le gustas a una persona o no, sabes cuándo un amigo está preocupado, triste, malhumorado. También sabes si en casa están de buenas o no.

Los humanos estamos diseñados para leer y responder a las claves no verbales de los demás, con especial habilidad en lo que se refiere a la seguridad de uno mismo: ¿es amigo o enemigo?, ¿me puede hacer bien o mal?

Puedes mejorar tu intuición si le prestas un poco de atención a la comunicación no verbal, como los gestos de las manos o la expresión de la cara. Por ejemplo, cuando la gente se siente incómoda puede estar violenta, sonrojarse, morderse un labio, morderse las uñas o bien les cuesta mantener la mirada. Cuando le gustas a alguien, él o ella te mirará a los ojos, se tocará el pelo, sonreirá o te tocará el brazo mientras habla contigo.

Observa cómo te comportas cuando estás ansioso, alegre, interesado o aburrido. ¿Qué señales emites?

Comencemos desde la parte de abajo del cuerpo y vayamos subiendo.

LOS PIES O ESTABILIZADORES

Tus pies son una compleja combinación de huesos, músculos, ligamentos y tendones en los que se manifiestan cierto tipo de funciones psicológicas indispensables. Tus pies cuentan cómo de unido estás a la tierra. La relación entre tus pies y la tierra refleja tu sentido de la seguridad.

Cuando te sientes emocionalmente inseguro tus pies parecen hundidos en el suelo. Cuando te tienes que mover, se mueven como si fueran bloques de cemento. Pero recuerda: esto no es una reacción aislada, también estará la mandíbula contraída, el pecho hundido, los brazos tensos y las rodillas unidas.

LAS PIERNAS O MOVILIZADORES

Las piernas son menos complejas que los pies. Son las que te ayudan a moverte y, en perfecta sincronía con los pies, sirven para estabilizarte y mantenerte en contacto con la realidad.

1) Los muslos te dan la fuerza para el movimiento y están muy relacionados con los sentimientos de independencia.
2) Las pantorrillas son las que están más cerca y más conectadas con los pies y, por tanto, están claramente influidas por la calidad del movimiento. Por ejemplo, tus pantorrillas te levantan flexionando la articulación de los pies y esto está relacionado con el comportamiento psicológico de tus aspiraciones vitales

(ponerse de puntillas). Representan aspectos psicológicos de fuerza, marcha, aguante y miedo.

3) Si tus piernas son fuertes, te pueden proporcionar una mayor autoestima.
4) Si tus piernas son flojas, te puedes sentir psicológicamente dependiente, pero eso obliga al resto de tu cuerpo a compensar la carencia usando más la parte superior, cuyas áreas están asociadas con el control, la agresividad o la capacidad intelectual.
5) Si tus piernas están muy desarrolladas, puedes demostrar determinación por defecto y tener dificultad para dar o recibir.
6) Si tus piernas están tensas o rígidas, tu modelo psicológico de vida puede que sea de excesivo control.
7) Si tus piernas son flexibles y flojas, puedes sentir que te falta la autoestima cuando más la necesites.

Para entender mejor las piernas, observa sus articulaciones. Podemos considerar las articulaciones, como un cruce psicosomático de caminos, de carreteras, de manera que son las articulaciones las que permiten que, en emociones y procesos psicológicos, puedas desplazarte de un lugar a otro. Tus articulaciones están controladas por músculos y tendones y, por tanto, si tus músculos están tensos, la flexibilidad de las articulaciones disminuye. Por ejemplo, los tobillos te dan flexibilidad, cambio de dirección, elevan tu cuerpo, y hacen que te muevas de forma delicada o agresiva. Las rodillas te dan flexibilidad, y transmiten sentimientos de estabilidad desde el pie y la pantorrilla, hacia las partes superiores del cuerpo. Bajo cierta tensión emocional, tus rodillas son más vulnerables a sufrir accidentes. Pueden estar rígidas y tensas. Cuando esto sucede puede ser consecuencia de sentimientos de aislamiento y ansiedad.

LA REGIÓN PÉLVICA O EL CENTRO DE ACCIÓN

Esta parte conecta la parte inferior de tu cuerpo (las funciones privadas), con la superior (las funciones públicas.)

Anatómicamente, aquí se localiza el centro de gravedad, y sus funciones están relacionadas con el sexo, la reproducción y la evacuación.

Se le conoce como «centro de acción» porque es tu centro de poder, de energía y de sexualidad.

1) La pelvis metida hacia dentro significa miedo a expresar tus emociones y la necesidad de tener bajo control tu energía sexual.

2) La postura contraria, pelvis hacia fuera, con las nalgas metidas hacia dentro se podría comparar con los perros metiendo el rabo entre las piernas. Puede significar miedo a una agresión, o una tendencia a esquivar la situación, más que a enfrentarse a ella.

Región abdominal o centro emocional

El abdomen es una de las partes más vulnerables de todo el cuerpo. Desprovisto de cubierta ósea, sólo protege sus vísceras; el estómago, el hígado, los intestinos, los músculos...

Se le llama centro emocional, ya que tiene mucho que ver con la sensación de determinadas emociones.

«No me da buen estómago» o «Se me revolvieron las tripas», son frases que con frecuencia utilizamos al referirnos a determinadas personas. Cuando estás agitado, tienes el estómago revuelto, dolorido, intranquilo. Cuando quieres «olvidar una pena», te atiborras de comida. Cuando estás preocupado, parece que el estómago se cierra y se niega a recibir alimento.

1. Un abdomen relajado y flojo denota vulnerabilidad y sensación de desprotección al mostrar tus sentimientos.
2. Lo contrario, un estómago rígido y tenso denota seguridad y fuerza.

También es donde se sitúa nuestro centro respiratorio con el diafragma, el músculo que separa el tórax del abdomen y cuya contracción automática nos permite respirar y que se expandan o contraigan los pulmones.

La respiración denota claramente nuestro estado de ánimo. Es tranquila o agitada.

Espalda inferior o centro de control

Es el intermediario entre las emociones de la parte superior y la parte inferior del cuerpo. Une las áreas de soporte, sexualidad, control y estabilidad con las de autoridad, responsabilidad, obligaciones y culpabilidad.

La tensión en esta parte la puedes usar como indicador de si eres o no una persona impulsiva o, si en un determinado momento tu cuerpo te dice que debes ser impulsivo.

Si está muy relajada, eres impulsivo y a lo mejor, no es el momento.

Pecho o amplificador

El pecho concentra las sensaciones, los sentimientos.

1) Si el pecho está crónicamente tenso seremos capaces de percibir muy poca cantidad de energía y sensaciones. Por esta razón nuestros pulmones están retraídos, respiramos menos y eso nos puede llevar a situaciones de ansiedad. También puede provocar sentimientos de inferioridad y hacer que actuemos con miedo.

2) Si, por el contrario, tu pecho pareciera haber tomado una gran bocanada de aire que no ha expulsado, si tu pecho está hinchado, tus sensaciones emocionales pueden estar sobrecargadas y la agresividad o

sensaciones de autoafirmación pueden ser las que manifiestes, en detrimento de sensaciones más apacibles.

HOMBROS, MANOS, BRAZOS Y ESPALDA SUPERIOR O LOS MANIPULADORES

Representan tu parte expresiva, son los agentes «activos» de tu personalidad. Los hombros y la espalda superior cargan real o imaginariamente con el peso de la vida. Las manos y los brazos, tienen el mundo a su alcance; lo cogen, lo sujetan, lo abrazan y, a veces, lo rechazan.

a) Los hombros

1) Cuando están redondeados y echados hacia delante, puedes sentir «el peso del mundo» sobre ellos, te puedes estar haciendo cargo de más responsabilidades de las que eres capaz de manejar. Representan una actitud de miedo, de autoprotección. Es como si, redondeando la espalda y hundiendo el pecho, quisiéramos proteger nuestros sentimientos, como si quisiéramos proteger nuestro corazón.
2) Por el contrario, una actitud opuesta, es decir, hombros estirados y cuadrados, representan seguridad y autoestima.

b) Brazos y manos

Brazos y manos son los medios con los que expresas emociones y transmites la acción a tu entorno. Con tus brazos y tus manos puedes sujetar, coger, dar, alcanzar, acariciar, empujar, apretar, golpear, sentir, aceptar o rechazar.

1) Una mano demasiado rígida o demasiado dura proporciona un apretón de manos demasiado fuerte y eso es síntoma de mano codiciosa. Desvela una inconsistencia, una incoherencia en tu habilidad para dejar o controlar los acontecimientos.
2) Una mano fláccida, por el contrario, denota indiferencia, malestar, incomodidad y es signo de falta de adaptación al medio y de personalidad huidiza.

c) Espalda superior

Las emociones contenidas se localizan en este área. El dolor es profundo, sobre todo para aquellas que te cuestan más expresar. Es decir: angustia, rabia, odio y aquellas que no son socialmente aceptables.

Si está crónicamente contraída, una gran cantidad de tu energía se desplazará hacia el cuello produciéndote frecuentes dolores en la parte posterior de éste. Las emociones se desplazan al cuello.

Cuello o traductor

Es la parte del cuerpo que une los dos centros vitales: el centro pensante y el centro motor y sensitivo. Se considera el cruce de caminos entre nuestras ideas y nuestras acciones.

El pensamiento se origina en la parte superior, en el área pensante y a través del cuello comunica la acción al cuerpo y te permite hablar haciendo vibrar las cuerdas vocales: expresar tu pensamiento en forma de palabras. Por eso se le denomina «traductor».

Cuando eres incapaz de expresar tus sentimientos, comes, bebes o, sencillamente «te los tragas». Cuando eres incapaz de alejar de ti cierto problema o conflicto, parece que eres incapaz de tragar. Los problemas de expresión emocional buscan en la garganta su lugar para anidar. Cuando queda en evidencia que no puedes expresarte con claridad en una determinada situación, suele aparecer un dolor en el cuello.

La tensión crónica del cuello puede ser tu método para bloquear las emociones que se escapan de tu control.

Cabeza o centro pensante

En la cabeza y en la cara, se refleja toda tu vida. El famoso refrán: «La cara es el espejo del alma», es absolutamente preciso.

Si estás obsesionado u obcecado por algo, los músculos de alrededor de tus ojos y de tus pómulos estarán
contraídos.

En ocasiones, estas contracciones provocan la aparición de arrugas temporales en esa zona.

a) Cejas

1) Las cejas levantadas denotan asombro o distracción.
2) Si por el contrario están juntas y unidas pueden ma-
nifestar enfado o análisis.
3) Si sólo es una de ellas la que se levanta, se interpreta
como análisis discriminatorio. La persona está a punto de rebatir tus argumentos o de enfadarse de un
momento a otro.

b) La mandíbula y la boca

1) La mandíbula en tensión significa rabia e impotencia
contenidas.
2) Los labios contraídos y rígidos; desprotección y dificultad de expresión.

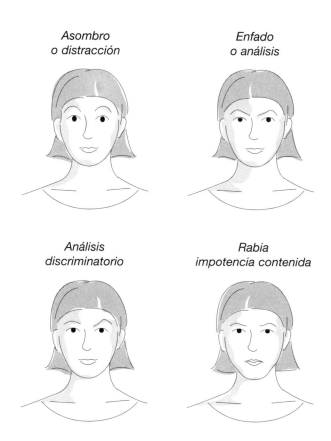

Asombro o distracción

Enfado o análisis

Análisis discriminatorio

Rabia impotencia contenida

LO QUE YO RECIBO DE LOS DEMÁS

Podrás observar que no he entrado en ningún género de interpretaciones con respecto a las actitudes corporales de las personas de tu entorno. Es más interesante empezar por nosotros. Imagino que habrás ido leyendo y a la vez controlando qué tipo de actitudes adoptas a diario. Por tanto, y a la vista de estos datos, márcate como

127

objetivo cambiar, conscientemente, algunas de esas actitudes. ¡¡Vamos!! Levanta la cabeza, estira la espalda, desfrunce tu ceño y relaja tu cara.

Como mi admirado y querido Lanza del Vasto decía:

«Mantente erguido, y sonríe».

Toda esta explicación no ha sido casual, ya que ahora te proporciono unas pocas interpretaciones, con las que vas a disfrutar una barbaridad.

ALGUNAS CLAVES DE COMUNICACIÓN NO VERBAL

Con una discreta observación hacia el lenguaje corporal y observando cómo una persona realiza una rápida transición de una actitud a otra, imagina qué es lo que la otra persona está pensando. Lo creas o no, «eso» es lo que esa persona estaba pensando.

Por ejemplo, si estás hablando con alguien y su actitud cambia de una postura abierta a una postura cerrada, algo no va bien. Te aconsejo que cambies el tono o la actitud que estás adoptando.

De un modo general las siguientes actitudes se interpretan de esta manera:

1) Manos abiertas, palmas de las manos visibles: sinceridad, apertura y receptividad.

2) Inclinar el cuerpo hacia delante, acercándose: interés, estar cómodo.

3) Inclinar el cuerpo hacia atrás, alejándose: incomodidad por lo que se está oyendo o por la persona que lo está contando.

4) Asentir con la cabeza: interés, comprensión de lo que se está oyendo, estar de acuerdo.

5) Una postura relajada: abierto a la comunicación, receptivo a casi todo.

6) Brazos cruzados sobre el pecho: resistencia, se adopta una postura de protección, se está en guardia.

7) Mover mucho las manos, tener manos parlantes: interés y participación en la conversación.

8) Mano en la cara, apoyada en el carrillo: considerando lo que oye, analizando.

9) Manos cogidas a la espalda: enojo, enfado, frustración.

10) Sentado con las manos sujetas detrás de la cabeza: salvo que la persona tenga total confianza contigo, se interpreta como arrogancia, chulería, se siente superior.

11) Repicando con los dedos, tamborileando con los dedos: incomodidad, impaciencia, enfado.

12) Cruzar los dedos, jugar con ellos cruzando y deshaciendo el cruce: estar creando una barrera, estar parapetando, estar a la defensiva.

13) Moverse mucho: aburrimiento, fastidio, nervios o impaciencia.

14) La mano sobre la boca: generalmente es malo, denota desaprobación, o resistencia a hablar claramente, puede estar mintiendo.
15) Sujetar, coger objetos con fuerza: ansiedad, nerviosismo.
16) Labios entreabiertos para respirar: ansiedad.
17) Las aletas de la nariz abiertas para respirar: enojo, enfado, agitación.

De todos estos datos deberás usar en cada caso lo que las circunstancias ambientales y tu lógica te digan.

CÓMO USAR TODA ESTA INFORMACIÓN

Por un lado, conoces en ti mismo el significado psicosomático de las diferentes partes de tu cuerpo, dependiendo de cómo sea tu estado anímico. Y como el eje central de expresión se localiza en la parte superior del cuerpo. Resumamos las observaciones.

La mayoría de las personas con las que hablamos están sentadas en una silla o un sofá y, con frecuencia, sentadas al otro lado de una mesa. Por tanto, centra más tus observaciones en la parte superior del cuerpo; de cintura para arriba.

La observación de todo el cuerpo nos es útil sólo en reuniones donde la gente esté de pie, es decir, bares, fiestas, reuniones o despedidas del trabajo. En esas ocasiones los pies actúan como magníficos marcadores. Te señalan quién está interesado en la conversación de quién. Uno de los pies, no importa cual, suele ser el de la pierna pasiva, la que no soporta todo el peso del cuerpo. Pues bien, ese pie señala con la puntera del zapato, como si de una señal de dirección única se tratara, hacia la persona con la cual nos interesa comunicarnos. No hay duda. Curiosamente, a la nariz le ocurre algo parecido, también es un señalador.

Te propongo un juego, con el que adquirirás fama de poder leer el pensamiento de otra persona. Es sencillo y si lo sabes presentar con un poco de misterio, la fama la tienes asegurada. Pero... «no se lo digas a nadie».

Juego: *Dile a una persona que guarde un objeto pequeño de su elección en una de sus manos, en la que libremente quiera.*

Pídele que esconda las manos detrás de la espalda y colócate frente a él dejando entre ambos espacio suficiente para que pueda estirar los brazos sin tocarte.

En esta posición, le pides que extienda los brazos. No mires nunca sus manos y, en el momento en que ambas estén entre vosotros, sin mirarlas, fíjate en qué dirección apunta su nariz. ¡¡¡En el mismo instante en que sus manos estén delante de su cuerpo!!! Durante unos segundos su nariz señalará inequívocamente hacia una u otra mano. La dirección que te ha marcado en ese

mínimo instante, es la de la mano que contiene el objeto.

No pienses, no juzgues, no mires sus manos, es un instante, un flash.

He practicado este truco muchas veces y cuando lo explicaba no me querían creer, y a pesar de eso siempre funcionaba. ¿Me crees y lo intentas? O ¿eres de los «otros»?

En resumen: a diario podrás leer la postura de cintura para arriba y la de los pies ocasionalmente, ya lo verás. Y recuerda lo que ya te dije en capítulo 4: «**Nuestra voz puede mentir, pero nuestro cuerpo no sabe**».

El entender nuestro propio lenguaje corporal, no sólo nos ayuda a conocernos mejor sino que nos sitúa, nos hace conocedores de nuestras fuerzas y nos hace comprender mucho de nuestras actitudes frente a determinadas situaciones.

Entender a diario el lenguaje corporal de los que nos rodean y el nuestro no es sólo un juego; es una necesidad

Capítulo 8

Soy parte de mi memoria

De la memoria se han dicho todo tipo de cosas, pero no me negarás que las personas dotadas de buena memoria tienen en su mano una gran baza, un gran don, que para muchos suena casi a mágico.

Es un arma poderosa que, en contra de lo que muchos puedan pensar, resulta más fácil de mejorar de lo que pudiera parecer.

La intuición es una propiedad de nuestra mente que se apoya en tres pilares:

La autoestima, la decisión y la memoria.

He insistido a lo largo del libro en que la información, el aporte de datos, es fundamental en todo el proceso. Por esta razón el contenido de este capítulo está pensado para tu propia reflexión y el entendimiento de los datos reales y científicamente probados que te proporciono.

No vas a encontrar ninguna técnica complicada, para eso ya existen multitud de tratados. Pero he comprobado que dichos tratados, al final, son poco útiles.

Medita las siguientes historias, que en el fondo buscan que comprendas que con el correcto uso de tu imaginación, la memoria es algo natural y sencillo de utilizar. Si no, tú mismo.

UNA HISTORIA REAL DE LA GUERRA

Durante la segunda guerra mundial los mandos de la oficina táctica de la fuerza aérea de los Estados Unidos comprobaron, con gran sorpresa y alarma, que los pilotos y artilleros de los aviones no distinguían con claridad la silueta de los aviones cuando los veían en el aire. Esta circunstancia, en más de una ocasión, les había llevado a confundir y disparar contra sus propios aviones.

Para evitar este problema inventaron un instrumento al que llamaron taquistoscopio; una cámara especial que proyectaba palabras, números o imágenes, durante unos segundos, en una pantalla. Les proyectaban imágenes de aviones aliados y enemigos, mezclados, sin ningún tipo de secuencia lógica. Poco a poco, fueron aumentando la velocidad de la exposición de las imágenes y disminuyendo, a la vez, el tamaño de los aviones.

Gracias a este método lograron que los pilotos y artilleros fueran capaces de reconocer un determinado avión, en una centésima de segundo. De hecho, hoy en día, los pilotos de la fuerza aérea de los Estados Unidos son capaces de reconocer, sirviéndose de este adiestramiento, más de dos mil siluetas de aviones diferentes, sin equivocarse.

Recuerdo haber leído, no sé dónde, esta curiosa historia.

UN CUENTO ORIENTAL

Esta historia me la contó mi padre y a él, el suyo y así hasta que la memoria se pierde en el pasado.

Ahmed, un comerciante de la ciudad de Bombay, viajaba con frecuencia a los pueblos circundantes a vender sus mercaderías: especias, sal, ungüentos curativos y, en ocasiones especiales, algún tejido particularmente seleccionado para la boda de alguna de las mujeres de los poblados que visitaba. Una de las ciudades a la que iba con más frecuencia era la ciudad de Poona, y para ello, debía atravesar un largo camino, boscoso, en el que los elefantes vivían en total libertad. Un día, cuando atravesaba aquel bosque, uno de esos paquidermos pasó cerca de él corriendo a gran velocidad. Después del comprensible susto, un terrible pensamiento le hizo meditar: hoy no me ha ocurrido nada pero, si el elefante me hubiera atacado, ¿qué debería haber hecho? Perdido en este pensamiento, se detuvo a comer en una posada, situada en los límites del bosque, un lugar en el que se detenía a comer y descansar cada vez que hacía aquella ruta. Su sorpresa fue mayúscula cuando, a las puertas de la posada, un grupo de cazadores de elefantes celebraba la caza de uno de ellos, que yacía muerto a escasos metros de la puerta, colocado sobre una especie de plataforma con ruedas que servía para mover al impresionante animal. Se acercó hasta el gigante y observó detenidamente sus largos y poderosos colmillos. Su aspecto era impresionante. De repente, como si de una visión se tratara, dio un grito de alegría. Acababa de solucionar aquel problema que le había preocupado tanto desde que se había cruzado el elefante en su camino. Ya sabía lo que tenía que hacer si algún animal como aquel le atacara. Normalmente, los elefantes, cuando atacan, suelen usar sus colmillos como un arma, de manera parecida a la embestida de un toro. Ahí estaba la clave. En el momento en que el elefante embistiera contra él, se agarraría con todas sus fuerzas a los colmillos, y cuando el animal sacudiera su cabeza para intentar soltarlo, en el momento de la sacudida, se soltaría de los colmillos y la fuerza del propio animal lo alejaría de él. De este modo, caería sobre la vegetación, que al menos era más segura.

Todos los días, desde aquél, repasó y volvió a repasar aquella imagen del elefante atacándolo y él agarrándose a los colmillos, soltándose en la sacudida, y escapando vivo. El tiempo y los negocios de Ahmed pasaron y mejoraron, ya no viajaba solo, como en aquellos años en los que siempre se detenía a comer en la misma posada. Pero..., ¡oh destino!, un día que con sus caballos y sus dos asistentes se detuvo en el camino a refrescarse en una fuente, un monumental elefante, enfurecido por no se sabe bien qué motivo, arremetió contra ellos. Aterrorizados, los asistentes de Ahmed salieron despavoridos dejando solo al pobre comerciante. Como si de un terremoto se tratara, el elefante se dirigió con rabia contra Ahmed. Éste estaba petrificado cuando, de repente, como si fuera algo habitual, como si un mecanismo automático, inconsciente, dirigiera sus movimientos, Ahmed se agarró fuertemente a los colmillos del elefante. Éste, aún más enfurecido, sacudió con fuerza su cabeza para soltar aquel bulto que se aferraba a sus colmillos y, al sacudir su cabeza para soltarlo, Ahmed aflojó los brazos y salió volando, cayendo sobre unos matorrales que se encontraban a unos diez metros del lugar del ataque. Todo había ocurrido en fracciones de segundo, no había tenido ni un segundo de tiempo para pensar, pero..., lo había visto tantas veces, lo había memorizado con tanta claridad...

Sólo es una fábula, una leyenda, un cuento que me hizo pensar durante bastante tiempo sobre los automatismos personales programados y la importancia de la memoria en dicho proceso.

Qué curioso saber que la memoria no es esa especie de archivo amorfo en el que, desordenadamente, se acumulan nuestros recuerdos.

Experiencias y sensaciones, proyectos y realizaciones están acumuladas en nuestra memoria. En nuestros procesos de decisión, a medida que maduramos, que crecemos, están cada vez más presentes. En consecuencia, una faceta importante dentro del proceso de síntesis intuitiva de nuestra toma de decisiones, es la memoria.

La síntesis intuitiva, como fin último, se apoya en las experiencias pasadas y se manifiesta por sí sola, como «buenas sensaciones».

OTROS DATOS: EL MENSAJE SUBLIMINAL

Si te hablo del «mensaje subliminal», imagino que sabrás a qué me refiero. Un mensaje subliminal es aquel que nos llega a través de los sentidos, principalmente la vista y el oído, pero que está por debajo de nuestro nivel de percepción consciente. Nuestros sentidos lo recogen, pero nuestra conciencia no. El mensaje subliminal se «salta» la puerta de nuestro consciente y «pasando de largo» y sin hacer ruido se acomoda, se aloja en nuestro subconsciente.

Lo mejor será que os hable de una experiencia real.

En 1957, en un cine de la localidad de Fort Lee, en Nueva Jersey, Estados Unidos, se proyectó la película *Picnic*, protagonizada por la actriz Kim Novak.

Durante seis semanas, proyectaron la película con la siguiente alteración: en cada tresmilésima parte de segundo (1/3000 seg) y cada cinco segundos (5 seg) colocaron el mensaje «**Bebe Coca Cola y come palomitas**»; introdujeron un mensaje subliminal. Las ventas de Coca Cola aumentaron en un 58% en el bar del cine y las de palomitas se incrementaron en un 18%. Las imágenes no conscientes realizaban todo el trabajo, el mensaje se grababa en el subconsciente de los espectadores y éstos actuaban automáticamente, «libremente».

Hoy en día, el uso de esta técnica de «comernos el coco» está prohibida y controlada por leyes en prácticamente todo el mundo.

Pero ¿significa eso que en nuestra memoria está almacenada tal cantidad de imágenes? Sí, la inmensa mayoría de nuestros recuerdos los llevamos en forma de imágenes, sonidos y olores, y están grabados en nuestro cerebro, como si de huellas digitales se tratara.

Por favor, lee con mucha atención lo que sigue.

Brain fingerprinting

Este apartado hace referencia al doctor Lawrence A. Farwell, licenciado en medicina por las universidades de Harvard e Illinois. Ex profesor de la facultad de Harvard y, en la actualidad, presidente y director científico del Laboratorio de Investigaciones del Cerebro Humano.

Farwell desarrolló y patentó entre los años 1985 y 1995 tres nuevas mejoras en el «polígrafo» (la máquina de la verdad). Él fue el inventor de la **técnica Farwell Brain Fingerprinting**, que se podría traducir como de «las huellas digitales en el cerebro». Consistía en un método científico para identificar a los autores de crímenes y descartar inocentes con un 100% de seguridad, usando como medida las señales eléctricas del cerebro. También fue quien inventó «el comunicador cerebral»: un instrumento que permite comunicar el cerebro de una persona directamente con una computadora con el fin de controlar ordenadores y otros instrumentos. Este instrumento está siendo utilizado por personas discapacitadas que no se pueden mover.

Farwell comenzó sus investigaciones sobre esta técnica en 1996 e, inmediatamente, el FBI, la CIA y la marina de Estados Unidos se interesaron y colaboraron en la investigación. Este sistema ha sido patentado en el mes de noviembre del año 2000 y su fiabilidad es comparable a las pruebas del ADN. Su funcionamiento es similar al del **taquistoscopio**, con algunas variaciones.

Está basado en la alteración que se produce en la emisión de ondas cerebrales al observar determinadas imágenes. Su éxito más renombrado ha sido la demostración de la inocencia de un preso, Terry Harrington, encarcelado durante veintitrés años por un asesinato que no había cometido.

Durante la prueba en cuestión se le colocan al sujeto una serie de electrodos, como si fueran a hacerle un electroencefalograma, midiendo así sus ondas cerebrales, al mismo tiempo que le proyectan imágenes de todo tipo en una televisión. Entre esas imágenes neutras se mezclan las de la escena del crimen. Pues bien, cuando la persona a la que se le hace el análisis se le proyectan dichas imágenes, si ha estado en ese lugar, unas determinadas ondas cerebrales aparecen alteradas; si no ha estado allí, dichas ondas no se alteran. Hacía veintitrés años de aquel asesinato. Al investigar, con el mismo procedimiento, con otro de los sospechosos, veintitrés años después, las ondas se alteraron; las imágenes habían permanecido almacenadas en el cerebro del culpable durante todo ese tiempo.

Aquí tienes la prueba, la demostración científica de que nuestros recuerdos, muy a nuestro pesar, en determinados momentos, están almacenados ahí, en nuestro cerebro, como las huellas digitales lo están en nuestros dedos. O acaso te parece una tontería que una persona haya podido demostrar su inocencia y, como consecuencia, recuperado su libertad gracias a cierta particularidad de nuestra memoria.

Si quieres más información sobre esto, en Internet puedes encontrar un montón de artículos. De cualquier modo, si quieres puedes entrar en la siguiente dirección:

http://www.brainwavescience.com/

La importancia de la memoria y de las imágenes

Somos lo que son nuestros recuerdos. La suma de experiencias, de vivencias acaecidas en nuestras vidas, son las que nos hacen ser como somos. De la unión de los conocimientos adquiridos a lo largo de nuestro proceso de aprendizaje escolar, académico, vital y de los sucesos ocurridos a lo largo de nuestra vida se forma nuestra personalidad.

Nuestros recuerdos son, por lo tanto, una fuente inagotable de datos que nos servirán no sólo para comprender y comprendernos, sino para captar algunos acontecimientos de suma importancia en todo el proceso intuitivo.

Todos usamos diariamente reglas mnemotécnicas; un dibujo en un papel donde has escrito un número de teléfono es muchas veces la clave para recordarlo. Entre los estudiantes, es habitual recordar las páginas donde está la información que buscan sólo recordando un esquema o un dibujo que hay en dicha página.

Bueno, si ciertamente una parte importante de nuestra memoria está basada en imágenes, usémoslas, sin complicados ejercicios ni rebuscadas técnicas.

Déjame proporcionarte un sistema que te ayude en este proceso.

Toda nuestra vida se resume en momentos particulares: nuestra propia historia individual, nuestros recuerdos en familia, los precedentes familiares y las historias ajenas.

Recuerdos, memoria remota, acontecimientos personales que dejaron buen sabor de boca, éxitos, logros, sacrificios beneficiosos, reuniones familiares perfectas, la primera vez que disfrutaste, de verdad, haciendo el amor, etc. De todos ellos nos quedan imágenes, a veces borrosas. Vivencias en el colegio, situaciones en la calle, la primera novia...

Cuando te encuentres en la «habitación de luz», y como ejercicio muy personal, proyecta esas imágenes y percibe sus sensaciones. Cuando menos te lo esperes, podrían darte la clave de algunos comportamientos o hábitos actuales. Archívalos y transfórmalos en piezas únicas de información.

Podríamos llamarlos: **precedentes históricos propios y precedentes familiares**. Recuerdos de situaciones en las que nuestros mayores actuaron de manera «especial», las historias del abuelo, las anécdotas de la familia, etc.

Con frecuencia, formas y actitudes pasadas de los miembros directos de nuestra familia encierran claves importantes que nos pueden ayudar a ver otro aspecto de una situación actual.

Usa estas claves como puntos de referencia válidos.

El ponerse en la piel del otro, el comprender el porqué de muchos errores de los demás, nos da referencias. Errores próximos (familia) y lejanos (amigos).

Habrás observado que todas esas imágenes que llevas almacenadas no sólo son útiles, sino que se presentan precedidas de una determinada sensación. Es como si tuvieran marcas propias que nos dan los elementos en los que apoyar dichos recuerdos.

Comprendido esto, pasemos a la siguiente fase. Si nuestros recuerdos parece que se marcan a sí mismos y a través de esas marcas somos capaces de revivirlos, usemos, pues, el mismo sistema natural para los acontecimientos del pasado inmediato y, en adelante, para los recuerdos del futuro.

LOS MARCADORES DE DATOS

Cuando te encuentres en tu «habitación de luz», en tu resumen diario, revivirás en estado de profunda relajación las escenas ocurridas durante el día.

Ahora supón la siguiente escena.

Estás en una reunión de trabajo y la gente habla con desenfado. En estas reuniones es frecuente que se «escapen» datos de una determinada materia pero, por diferentes motivos, no puedes participar en dicha conversación. El tema te interesa. Usando el oído discriminador deja que entre la información sin prestarle atención y, en el momento en que el oído comience a silenciarse, a discriminar, adopta una determinada postura; cruza los dedos, coge el lóbulo de una de tus orejas, realiza un gesto que no uses normalmente.

Una vez te encuentres en tu «habitación de luz» elige el procedimiento de las joyas, visualiza la situación y, mentalmente, reproduce el gesto y visualízate en el lugar adoptando ese gesto. Como si de magia se tratara, en el mismo momento en que realices ese gesto, en el instante en que te veas adoptándolo, toda la escena se volverá más clara; es como si le pusieras unos lentes, unas gafas a la situación, para verla mejor.

LA RECREACIÓN DE SITUACIONES SÓLO CON CUATRO IMÁGENES

Con la vista y el oído, los marcadores de situación, debes limitar el número de marcadores hasta un máximo de cuatro. En los inicios del desarrollo de la técnica intuitiva, no podrás con más, es demasiado intenso, debes ir paso a paso.

Si en la primera prueba, con un sólo marcador, tienes éxito, en la siguiente ocasión hazlo con dos. Te recomiendo que te mantengas en el nivel de utilización de dos marcadores por día durante dos o tres meses. Necesitas comprender, con detenimiento, el procedimiento y las formas de realizar esos marcadores. Si lo quieres en palabras más sencillas, un marcador es un punto de referencia, un gesto que, conscientemente, adoptas en una determinada situación real y asocias con dicha situación. Refuerzas la reproducción de imágenes cuando de manera subjetiva lo reproduces en tu «habitación de luz».

MEMORIA RECIENTE

Del mismo modo que nuestros recuerdos del pasado tienen sus propias marcas, marcas que por otro lado no hemos buscado, cada día muchas situaciones se marcan a sí mismas. Busca los marcadores «casuales», situaciones fuertes, absurdas, etc. Si nos llegan «de regalo», usémoslos, ya sabemos que funcionan.

TÉCNICAS DEL RECUERDO CORRELATIVO

REGLAS MNEMOTÉCNICAS:
EL MÉTODO DE GIORDANO BRUNO

Giordano Bruno (Nola, 1548-Roma, 1600). A través de los textos de este filósofo y poeta del Renacimiento, quemado por la Inquisición por blasfemo, por conducta inmoral y por hereje, me llega la siguiente información: los senadores romanos heredaron de los griegos un sistema muy particular de usar la memoria, al igual que ciertas claves o reglas, que les permitían recordar, con muy poco esfuerzo, el contenido completo de su discurso. Y no se les escapaba ni un solo detalle. ¿Cómo lo hacían?

La verdad es que el procedimiento resulta ingenioso, imaginativo y práctico.

Descripción del método

A continuación os explicaré el método tal como lo describe el autor, y añadiré mi propia modificación para su uso en la actualidad.

Durante un instante intenta imaginar una ciudad de la Grecia clásica, o del Imperio romano: Atenas, Roma... Imagínalas de manera ideal, con sus templos, sus edificios monumentales, etc.

Cada día, los políticos, los senadores, recorrían un determinado camino para llegar hasta el Senado. Ese recorrido, ese paseo, es la clave de todo el método.

Situémonos a las puertas de la casa de un senador romano cuya charla gira alrededor del problema del suministro de pan a la ciudad. Tiene a varios oponentes esperándole para rebatir sus argumentos sobre dicho tema. Si alguno de los datos de su discurso es erróneo, o lo olvida, su discurso se puede venir abajo y fracasar. No olvidemos que en esta época el uso de documentos escritos, salvo para utilizarlos como prueba, no estaba bien visto. Pues bien, ahí va nuestro senador camino de su escaño, con la intención de hablar de un caso que tiene muchos factores alrededor. Lo primero, el trigo. Después, su siembra. Luego, la recolección, y más tarde, el transporte del grano a los molinos de harina, la distribución y el precio de la harina a los panaderos. Además, los hornos de cocción y, por último, la distribución entre la población del pan. En cada uno de estos apartados alguien iba a estar escuchando atentamente, esperando el error para destruir la argumentación de nuestro senador.

¿Cómo hablar de todo y no olvidar nada?

En su paseo para llegar al Foro se encuentra con el Coliseo, el *Circus Maximus,* y decide visitar el lugar, pero no por afición turística, no: su paseo por el Coliseo será la clave del discurso. Usando su imaginación, a las puertas del Coliseo, imagina el trigo amontonado y hombres recogiéndolo (Trigo). Entra en el interior del Coliseo y, nada más cruzar la entrada, se imagina a los hombres plantándolo en el suelo de los pasillos (Siembra). Continúa su paseo y sube las escaleras que dan acceso a las gradas y allí, en su imaginación, ve a los hombres, con hoces y guadañas, cortando y recogiendo las espigas (Recolección). Se sienta en una de las gradas y, en la arena, «ve» a los hombres cargando carros con la semilla metida en sacos (Transporte). Se levanta de su asiento y, tomando un acceso diferente del que usó para entrar, imagina un gran molino realizando su labor (Molienda y precio de la harina). Baja las escaleras y se encuentra con un gran horno en el que se cuece pan (Cocción). Y, por último, a la salida, ve a todo el mundo comiendo pan (Distribución del pan entre la población). Con este relajado paseo por el Circo, nuestro senador se dirige a su lugar de trabajo totalmente preparado para hacer una brillante exposición del tema: Problemas y soluciones en la recogida del trigo, su distribución, la fabricación del pan y los problemas que existen para su adecuada distribución entre los consumidores.

En cada una de las paradas, en cada uno de los espacios por los que ha paseado, ha asignado un tema a una imagen, un tema a un lugar concreto, fácil de recordar. Al hablar sólo tendrá que volver a realizar el mismo recorrido, mentalmente.

No creo que sea necesario explicarte con más claridad el método, es evidente en sí mismo. Aplícalo, usando como referencias no sólo un paseo por la calle, sino tu habitación, las habitaciones de tu casa, que son los espacios que mejor conoces, y adjudica a muebles, ventanas y puertas los datos correspondientes de los temas en cuestión. Un repaso a las imágenes de la habitación elegida te hará recordar, sin esfuerzo, todos los datos.

EJERCICIO

a) Coge una grabadora, un casete, y grábate contando un cuento cualquiera, uno de esos conocidos cuentos infantiles: *Caperucita Roja*, *Los tres cerditos*, etc., y trata de hacerlo con detalle. Una vez hayas grabado el cuento sal a dar un paseo, por cualquier sitio, por un lugar conocido para ti, y, a medida que paseas, cuéntate el mismo cuento, pero esta vez coloca los detalles de la historia en los lugares por los que pasas; la papelera de la calle, el semáforo que cruzas, los árboles, los bancos, las tiendas..., y de vuelta en tu casa cambia la cinta del grabador por otra y de nuevo graba el cuento pero, esta vez, a medida que hablas, recuerda tu paseo y las distintas situaciones que has «visto» asignando los hechos del relato a los diferentes lugares de tu paseo.

No soy apostador, ni jugador, pero podría apostarme contigo algo bueno a que la segunda grabación es, al menos, un 50 % más rica en detalles y matices que tu primera grabación. Compruébalo.

Este es el gran secreto, el gran misterio de la memoria. Si le damos a nuestra memoria puntos de referencia, «marcadores», nos estamos dando claves para el recuerdo y cuando esto ocurre, nuestra mente responde de manera inequívoca y eficaz.

¿Vas a dejar pasar esta ocasión de sorprenderte a ti mismo?

Realiza este ejercicio cada vez que puedas.

Después de unos días, tres o cuatro, intenta el mismo ejercicio, pero esta vez, en lugar de un cuento, realízalo como te contaba con el senador romano. Elige un tema, bien sea de estudio (una lección de clase, o un tema determinado que tengas que exponer en la clase, o en un examen), bien sea de trabajo (la exposición de un trabajo, una entrevista), bien sea una charla familiar que tenga cierta importancia (algo que debas hablar seriamente con los miembros de la familia, cambio de casa, de trabajo), y, en tu paseo por el barrio, por un parque, o por donde sea, sitúa los argumentos de tu diálogo, en ese paseo. Concéntrate, mientras hablas, en ese paseo y explica todos tus argumentos; el primer sorprendido vas a ser tú, por la claridad, la riqueza y el acierto de tus palabras. No te quiero ni decir que, a medida que vayas hablando, te irás hinchando poco a poco, como si fueras un pavo.

Realmente vas a ver qué bueno eres, porque ¿sabes una cosa?: **ERES MUY BUENO.**

Algunos consejos para mejorar la memoria

1. Come adecuada y equilibradamente, haz un poco de ejercicio todos los días, bebe alcohol con moderación.
2. Utiliza tus manos en alguna labor creativa: jardinería, pintura, modelado; este tipo de actividades refuerzan la memoria táctil.

3. Busca un lugar en tu casa y en tu trabajo, donde perder las cosas, las llaves del coche, la cartera, las gafas, etc.
4. Cuando te digan un teléfono, o te den un aviso, toma notas en un trozo de papel, se refuerza la idea.

Recuerda el viejo proverbio chino: «**Una imagen vale más que mil palabras**».

Atrévete a abandonarte a un mundo sensorial fascinante en el que sólo necesitas estar en reserva activa, relajado y receptivo, pero alerta

---

Cerrando este capítulo, he recordado dos refranes de nuestra maravillosa sabiduría popular.

«Sabe más el diablo por viejo, que por diablo»
«La experiencia es la madre de la ciencia»

Los datos están ahí, en tu mente. **Sólo tienes que alargar tu mano y cogerlos.**

Capítulo 9
Ecología doméstica

Bueno, en los capítulos anteriores hemos realizado muchos ejercicios orientados al desarrollo adecuado de nuestra intuición y, sobre todo, dirigidos a nuestro crecimiento interior. La autoconfianza, el aumento de nuestra autoestima, han sido los objetivos fundamentales de mi trabajo.

Desde el momento en que empezaste a leer este libro sabía que TÚ, y sólo TÚ, eras el objetivo primordial. Te vuelvo a repetir que sin ti nada es posible.

Ahora, después de poner en orden tu cabeza y tu cuerpo, quiero darte una serie de pequeñas indicaciones para que tu casa y tu lugar de trabajo puedan reunir las mejores condiciones de aprovechamiento de la energía, para que todo funcione mejor. Me estoy refiriendo a las energías, a las fuerzas naturales que nos rodean, que harán que la armonía y la paz sean más fáciles de alcanzar. Desde que la memoria alcanza, el habitar una casa, el construirla, siempre ha tenido mucho de mágico. Nuevos proyectos, nueva vida, nuevas ilusiones; quién no ha tenido esa sensación al mudarse de casa.

Durante la Edad Media los arquitectos eran ayudados, asesorados por el zahorí, por el mago, que era el encargado de «localizar» dónde y cómo debía construirse y dónde abrir y con qué orientación las puertas y las ventanas. Dicen que Felipe II, obsesionado con la perfección de las medidas del templo de Salomón, influyó de manera decisiva sobre el arquitecto Juan de Herrera en el diseño y construcción de monasterio de San Lorenzo de El Escorial. Arquitectura y religión. Arquitectura y magia, han estado siempre unidas. «El hombre, como arquitecto del mundo. Dios, como el gran arquitecto del universo».

Fundamentalmente, la idea se basa en la existencia de las llamadas fuerzas o corrientes telúricas. Por fuerza o corriente telúrica se entiende la propia energía que la tierra acumula en su interior. Esta energía la producen las placas tectónicas en su movimiento las unas sobre las otras. Son las fuerzas que desencadenan los terremotos. Cuando estas placas tectónicas entran en colisión, o se desplazan, se produce una onda expansiva, que provoca los terremotos. Estamos hablando de una energía de magnitud incalculable y cuyas consecuencias, desafortunadamente, todos hemos visto. Son estas las energías que zahoríes y radiestesistas intentan localizar para, también, poder encontrar agua y minerales en sus trabajos de búsqueda.

De la mala orientación de objetos y lugares depende la pérdida de energía de dichos espacios y la armonía que los rodea.

Un caso real

Hace unos años, unos buenos amigos míos se lanzaron a la aventura de abrir un negocio. El local había sido alquilado con anterioridad por personas que abrieron en él diferentes negocios –sin mucho éxito, por cierto. La mala fama de aquel local había hecho que la renta fuera anormalmente baja para la zona en la que estaba situado. Cuando un día nos contaron sus intenciones, todos llegamos a la misma conclusión: «Qué pena, el lugar es bueno pero, como en anteriores ocasiones, volverá a ser un espacio muerto».

Daba la sensación de que la gente no veía el lugar, era como si fuera invisible. Se paraban en el escaparate de al lado y pasaban de largo por el siguiente, el de mis amigos. Habían renovado y reformado el local, con gran ilusión y la ayuda de todos los que pudimos echar una mano pero, durante los dos primeros meses, sólo entraron ocho personas y no compraron nada; el negocio era catastrófico.

Un día, Antonio, nuestro amigo, nos comentó que había conocido a un curioso personaje que decía ser zahorí y, cómo no, le comentó los problemas que su negocio atravesaba. Aquel hombre pidió permiso para visitar el local, a lo que mi amigo no puso ningún reparo y quedó citado con él para al cabo de unos días. Allí estábamos todos reunidos esperando la llegada de aquel personaje y hablando sobre «las extrañas conclusiones» a las que podría llegar.

Así pues, se presentó un hombre joven, de aspecto absolutamente normal, llevando con él una especie de maletín de médico, que era el lugar, según dijo, en el que llevaba los elementos de diagnóstico. Durante una hora y casi sin hablar, se paseó por el local sacando a cada momento diferentes artilugios del maletín: una brújula, un péndulo y una varilla de madera de fresno en forma de «Y». Pasado este tiempo, llegó a una interesante y extraña conclusión. Afortunadamente, dijo, el local no estaba muerto, simplemente estaba enfermo. Tenía mucha y muy buena energía pero esta energía estaba encarcelada, no podía ni entrar ni salir, no se podía mover. Las caras de incredulidad y asombro de todos nosotros eran un fiel reflejo de lo que en aquel momento nos pareció pura charlatanería. Leer en nuestras caras era como leer en un libro abierto. Al darse cuenta de esto, aquel personaje estalló en una carcajada y comentó: «Sé que todo esto suena a incomprensible o a irracional, pero si quieres hacerme caso y que el negocio prospere, tienes que hacer una pequeña reforma en tu local. Debes cambiar el lugar en donde está la puerta. –Y señalando a una de las paredes, añadió–: Si cambias la puerta de lugar y la abres en este otro sitio, antes de un mes tu negocio dará un giro de 180° y fíjate si estoy seguro que, si no es así, te pagaré los gastos de la reforma».

Por no hacer la historia demasiado larga te diré que, efectivamente, mi amigo realizó las reformas indicadas y hoy en día, casi 20 años después, su tienda sigue siendo uno de los más prósperos negocios de moda de la ciudad de Gijón.

Esto hizo que me interesara por esta materia, la radiestesia y la sabiduría o los dones de los zahoríes. No mucho tiempo después llegué a la conclusión de que si nuestras casas fueran construidas bajo ciertas reglas, la armonía en su interior sería mucho mayor. Pero, claro, muy pocas son las personas que pueden diseñar su casa. La inmensa mayoría de nosotros vivimos en una vivienda que hemos adquirido ya construida; pero este hecho no significa que no se pueda hacer nada, que no existan remedios para evitar que esa energía se escape, o esté mal distribuida.

En los últimos años han aparecido ciertas tendencias de origen oriental que, precisamente, nos hablan de cosas similares. Me estoy refiriendo al Feng Shui o radiestesia oriental, la ciencia que trata del arte de la colocación adecuada de los objetos que decoran nuestros hogares. Con más de cuatro mil años de antigüedad, estudia, analiza, diagnostica y cura las pérdidas y deficiencias de la energía que hay en nuestras casas, y reposiciona o recoloca los objetos decorativos.

No sólo abarca las fuerzas telúricas en sí mismas, sino que las relaciona y armoniza con el uso de los cinco elementos que este arte utiliza: Fuego, Tierra, Madera, Agua y Metal. El Feng Shui está basado en la idea de que la energía fluye por unos determinados caminos, por unas determinadas vías.

El correcto emplazamiento de cualquier cosa, desde un edificio hasta los objetos de tu mesa de trabajo, dirigen esta energía y la compensan, haciendo que se cree un medioambiente beneficioso para todos. Es evidente que para que las técnicas de estas «ciencias» funcionen, no es necesario creer en ellas, ni mucho menos, simplemente intenta algo de lo que te cuento a continuación y juzga por ti mismo.

Sea por novedad, por moda o por lo que sea, permite que en este capítulo te cuente algunos métodos sencillos para mejorar tus espacios vitales. No consiste en realizar reformas, ni nada similar, como en la historia anterior; se trata, simplemente, de situar, de recolocar ciertos objetos de la decoración normal de nuestras casas en los lugares correctos, nada más.

La correcta colocación de los complementos decorativos es la llave, ya que ciertas áreas están asociadas con aspectos particulares de la vida y la energía debe fluir con suavidad.

LOS ELEMENTOS

Para el Feng Shui existen cinco elementos básicos: **el Fuego, la Tierra, la Madera, el Agua y el Metal.**

1. El Fuego aumenta la energía positiva. Un buen fuego puede estar proporcionado por velas de colores rojo oscuro, burdeos, o púrpura.
2. Espejos y marcos de fotografías hacen fácil y atractivo el tener el elemento Metal.
3. Piedras, minerales, piezas de cerámica hacen lo mismo con la Tierra.
4. Recipientes con agua te proporcionarán el elemento Agua.
5. La Madera estará mejor representada por flores frescas secas y plantas, más que por los muebles de madera ya que, en su proceso de fabricación, ésta pierde muchas de sus propiedades; de cualquier modo, la madera de los muebles sirve perfectamente para representar dicho elemento.

Las referencias que siguen a continuación están dirigidas a que analices tu propia casa y, si te parece bien, coloques los objetos antes mencionados en los lugares más adecuados.

1. **Orientación de la casa.** Poco importante; al contrario de lo que se pueda pensar, a la orientación de la casa no se le debe dar demasiada importancia por los motivos que apuntábamos al inicio de este capítulo. Fundamentalmente, porque poco o nada podemos hacer; por eso, las soluciones curativas de nuestros espacios son más efectivas si cambiamos aquellos objetos del interior y los colocamos de manera correcta.

2. **Por dónde entra la luz.** Tiene gran importancia, ya que estancias mal iluminadas no sólo nos roban energía sino que afectan directamente a nuestro estado de ánimo. Debemos iluminar correctamente las esquinas más oscuras con luces claras o evitar tupidas cortinas que puedan interferir la entrada de luz interior de las habitaciones. La luz, las lámparas, son consideradas parte del elemento Fuego.

3. **Orientación de la cama.** Si es posible, la cama debe estar situada en la orientación norte-sur, teniendo en cuenta que nuestra cabeza debe apuntar hacia el norte. Desde la cama, debes poder ver la puerta, pero nunca debe estar situada enfrente de la misma; deja libertad a la energía para entrar. No tengas espejos colocados en tu habitación, pues aumentan y potencian la energía y el dormitorio necesita más paz y sosiego.

4. **Las zonas comunes.** Te recuerdo que los espejos potencian la energía; colócalos frente a objetos va-

liosos, sitúalos en los lugares donde tengas guardado el dinero, atrae la riqueza. Se recomienda también poner un espejo que refleje el fuego de los fogones de la cocina; atrae energías positivas. Un carillón en la puerta de la casa evita que los «malos rollos» puedan pasar. Los pasillos deben estar lo más despejados posible.

5. **¿Existen lugares de conflicto?** Recuerdo con una sonrisa un hecho que nos ocurrió a mi actual esposa y a mí. Estrenamos nuestra primera casa en común, en una zona muy próxima a Madrid, y la amueblamos y decoramos con detalle. Dimos varias fiestas de estreno pero, a pesar del magnífico «rollo» que tenía la casa, coincidía que en dos lugares concretos y por el motivo más tonto, mi mujer y yo siempre discutíamos. Lo hacíamos con energía como llevados por una inevitable fatalidad. Un día, estando sentados (provoqué que lo hiciéramos en aquellos específicos espacios), saltó la discusión y, en un instante, haciéndole a mi mujer el gesto que los entrenadores de baloncesto utilizan para pedir tiempo, le dije: «¿Te das cuenta que cuando estamos sentados aquí o en el comedor en nuestro respectivo lugar, siempre discutimos? María se quedó pensativa un instante y coincidió conmigo en que únicamente allí teníamos conflictos. Sólo cambiamos la posición de los muebles y, evitando aquellos lugares, todo volvió a su cauce normal.

162

6. **Orientación de tu mesa de trabajo.** Si es posible, no te sitúes de espaldas a la puerta, el ordenador debe estar bien ventilado a 50 cm de tu cabeza y la pantalla, cuando no lo uses, apagada. Unas flores o una pequeña planta, a la que debes regar con la frecuencia que necesite (procura que la tierra este siempre húmeda), serán de gran ayuda. Una vela de color rojo encendida no sólo eliminará el humo de alrededor sino que, si la colocas en la zona de crecimiento profesional, incrementarás tus energías en este sentido.

7. **Equilibrar las energías de cada espacio.** La adecuación y potenciación del entorno. En general, cuadros, marcos con fotos y espejos son potenciadores. A los espejos se les llama «las aspirinas del Feng Shui».

Para comprender de manera casi infantil qué supone cada elemento en relación con los otros, utiliza la siguiente regla:

**La Tierra crea el Metal
El Metal contiene Agua
El Agua nutre la Madera
La Madera alimenta al Fuego
Y el Fuego produce Tierra.**

Por otro lado:

La Tierra estanca al Agua
El Agua apaga el Fuego
El Fuego funde el Metal
El Metal corta la Madera
Y la Madera consume la Tierra

La armonía entre estos elementos es lo que nos va a enseñar a potenciar y crear relax en nuestras habitaciones. Ahora, y antes de continuar, decide con seriedad y coherencia qué vas a desarrollar en cada habitación de tu casa.

No es demasiado difícil, cada lugar será lo que tú hayas querido, puesto que has decorado las habitaciones a tu gusto. En principio, haz un pequeño plano de toda la casa y con él en las manos, dibuja un cuadrado usando los bordes más alejados. Un cuadrado o rectángulo en el que toda la casa está contenida. La referencia para localizar los espacios específicos es la puerta de la casa.

Dibuja en un papel la forma aproximada de las habitaciones que elijas. Como punto de referencia para localizar la posición de los lugares que todas las habitaciones tienen, toma la puerta. Y ahora, primero con la casa de manera global y después con las diferentes habitaciones, utiliza la siguiente regla:

El cuadrado o rectángulo resultantes de tus esquemas los divides en nueve espacios iguales. El cuadrado (en realidad es un octógono, pero no te voy a liar más) debes reproducirlo en la casa y en cada habitación.

En el cuadrado central inferior estaría situada la puerta, y si la orientación de tu vivienda lo permite, recuerda que las puertas se asocian con el norte, pero ya te dije que esta orientación no es demasiado importante.

Si numeramos los cuadrados resultantes, nos queda la siguiente configuración:

1) Representa el sureste, el color violeta, la riqueza, el número cuatro y la prosperidad.
2) Representa el sur, el color rojo, el número nueve, el Fuego, la fama y la fortuna. Para aumentar tu fama enciende nueve velas rojas en el sur de tu habitación.

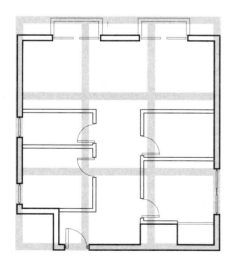

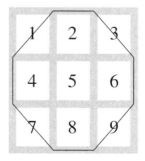

3) Representa el suroeste, el color rosa, o tonalidades pastel, el número dos, el matrimonio, el amor y los socios.
4) Representa el este, el color verde, la madera, el número tres, el crecimiento, la salud y la familia.
5) Representa el centro, el eje alrededor del cual todo se mueve, la Tierra, el color amarillo y el número cinco.
6) Representa el oeste, el color blanco, el Metal, el número siete, la creatividad y los hijos.
7) Representa el noreste, el color azul, el número ocho, los conocimientos, la sabiduría y la cultura.
8) Representa el norte, el color negro, el número uno, el Agua, el trabajo y la carrera profesional.
9) Representa, por último, el noroeste, el color gris, el número seis, los amigos y los viajes.

Si las habitaciones tienen esquinas, localiza el área que están ocupando y compensa el espacio perdido colocando elementos armonizadores o potenciadores, siguiendo la tabla de compatibilidades e incompatibilidades. Si sólo deseas armonizar, usa elementos complementarios.

Lo que expongo a continuación son sólo pequeños ejemplos demostrativos, que te podrán servir de guía o, simplemente, como referencia.

De cualquier modo, a estas alturas del libro, estás suficientemente sensibilizado y con los sentidos abiertos, así que, con una simple lectura de estos contenidos,

verás cómo cambiarás con bastante frecuencia los objetos de sitio casi sin equivocarte. El método es muy intuitivo.

EJEMPLO

A y B son una pareja que viven en un apartamento,
en un barrio no muy ruidoso, salvo los fines de semana.
Ambos tienen un buen trabajo y ya sienten la necesidad
de crecer, tanto desde el punto de vista personal como
profesional. Últimamente, se han acomodado el uno al
otro y una cierta forma de rutina aparece en su relación.
Si además tenemos en cuenta que el trabajo absorbe mucho tiempo y que la última cerveza al salir del trabajo es
la de los amigos...

Los fines de semana, bueno, lo de siempre. Sábado...,
leer los periódicos, tal vez ir al cine, salir a cenar con los
amigos, que más o menos están en igual situación, televisión, mucha televisión. Y el lunes darte cuenta de que
has descansado fatal, como casi todos los días.

Con la familia, salvo excepciones, simplemente nos
llevamos, «siempre hay un roto para un descosido». La
salud de todos no va demasiado mal y los más jóvenes,
los estudiantes de la familia, luchan por aprobar.

Puede ser que en unos días A o B, algún amigo, o algún familiar, tenga una entrevista de trabajo. Y lo que
siempre recuerdas es a aquel amigo con el que te enfa-

daste hace tanto tiempo y al que te gustaría volver a ver y hacer las paces.

Bueno, esto sería como tener un ejercicio práctico.

Pero, siguiendo con la ficción, recorramos la vivienda de A y B.

La puerta de entrada es de madera oscura. Nada más abrir, un gran espejo, que oculta un armario ropero, el armario de los abrigos; y a su lado, un paragüero, un macetero con flores secas, o un pequeño mueble que sirve para dejar recados y llaves, correo, etc. A continuación, una puerta, la de la cocina, recogida sólo a medias ya que en el desayuno no hubo tiempo de meter las tazas del café en el lavaplatos. El grifo de la cocina hace semanas que gotea, y A o B le han cambiado la zapatilla tres veces.

Casi enfrente, un cuartito que hace las veces de cuarto de plancha, el sofá donde dejas la ropa recién recogida del tendedero y que plancharás más adelante. Un cuarto que sirve lo mismo para invitados que de despacho, con el ordenador que, además, esta colocado en uno de los rincones para aprovechar el espacio, etc. Además es la habitación con peor luz de toda la casa.

El salón, el espacio común, tiene ese gusto de «una habitación vivida»; recuerdos y regalos de diferentes personas y acontecimientos, los detalles que compraron juntos, algún marco con la foto de un viaje con unos amigos, la última Nochevieja frente al sofá. Hay un mueble multiusos que hace las veces de biblioteca, fonoteca, videoteca, etc., vamos, donde nunca suele estar el mando a distancia y donde cada vez que buscas una película o un disco acabas diciendo aquello de «estoy seguro que está por aquí», y claro que está, no es tan inmenso el mueble.

El cuarto de baño es, lógicamente, compartido por ambos; uno de ellos, A o B, siempre deja su ropa de dormir colgada de la percha del baño, el otro, A o B, lo deja a medias entre la bañera y el suelo. La ducha es buena y potente, tiene restos de cal, arenillas que obliga a muchos de sus chorros a salir desviados.

Se nota que los peines y los cepillos son de buena calidad, tardaron tiempo en encontrar unos que hicieran su función tan bien.

En el dormitorio, los armarios de la ropa y un espejo para verse en él al salir de la habitación. Las mesillas de noche y la ventana, que, o no cierra bien del todo, o la persiana no ajusta bien.

Este supuesto no es, evidentemente, un caso extremo, es más bien un caso bastante común, con el que quiero mostrarte dónde deberían actuar A y B para ayudar a que los cambios y mejoras que desean sean más fáciles y atraigan más a esas energías positivas que nos pueden ayudar.

Recapitulemos:

En el aspecto personal

1. A y B viven en un lugar no demasiado ruidoso.
2. Ambos tienen un buen trabajo pero desean mejorar.
3. Su relación ha entrado en una cierta monotonía, incluidos los fines de semana.
4. Con la familia se podría mejorar.
5. A los estudiantes se les podría ayudar.
6. Las entrevistas de trabajo podrían mejorar.
7. A los amigos se les puede recuperar.

Respecto a su casa:

1. Tienen un espejo que refleja la puerta y el exterior cuando ésta se abre.
2. Tienen un obstáculo en el pasillo.
3. La cocina está medio ordenada, pero el grifo gotea.
4. El cuartito siempre está desordenado y la silla del ordenador se encuentra de espaldas a la puerta. Esta habitación está mal iluminada.
5. El salón podría ser el lugar para los remedios más efectivos.
6. En el baño, los cepillos y los peines tienen más de un año. La ducha no está del todo bien.
7. En el dormitorio tienen un espejo.

Como verás en Tu Orientador personal (al final del libro), a cada lugar de la casa, en su forma global, se le atribuyen colores, números, situaciones, etc... y lo mismo ocurre de manera individual con cada habitación; pues bien, éstos serían los errores y éstas que propongo a continuación serían las soluciones y, por lo que se refiere a los aspectos personales, pon de tu parte y potencia o calma los sectores que quieras mejorar.

LOS ERRORES:

1. Un espejo frente a la puerta refleja todo lo que entra, y lo devuelve al exterior; sería preciso mover el espejo de lugar, tan sólo lo justo para evitar dicho reflejo y, además, con este cambio, no sólo se potencia la energía que entra sino que la energía de los que nos visitan se regula. En otras palabras: los que entran en tu casa, **ENTRAN EN TU CASA.**

2. El obstáculo, cualquiera que sea, en el pasillo, impide que la energía fluya por la casa. Se deben retirar obstáculos de los pasillos y recibidores.

3. El desorden en la cocina perjudica la entrada del dinero y la riqueza y el goteo del grifo potencia esta mala energía. En lo posible evita todas las fugas de agua y recoge las tazas del lavaplatos, son diez segundos. Deberías encender la cocina unos instantes, todos los días, nada más entrar en la casa. El

fuego atrae energías positivas y neutralizar las pérdidas.

4. El cuartito merece más tiempo. Lo primero tener la ropa sin planchar semiamontonada, no sólo es antiestético y depresivo, sino que ese desorden merma considerablemente la energía. El típico cesto de mimbre de la ropa para planchar es un remedio muy útil. La silla del ordenador no debe estar de espaldas a la puerta, y si eso fuera inevitable, la colocación de un espejo que refleje la puerta es el mejor remedio ya que no sólo potencia tu trabajo, sino que, además, ayuda a que aumente la luz en dicho espacio. Los focos halógenos indirectos apuntando al techo pueden cambiar muy favorablemente el aspecto y la energía, mejorándolas.

5. En el baño, los cepillos y los peines, además de su normal limpieza, deben cambiarse, si es posible, una vez al año. (Los cepillos de dientes, cada cuatro meses.) Los orificios de la ducha manténlos siempre limpios, para que «Toda el Agua» caiga sobre ti. El agua sosiega y apacigua las energías negativas.

6. En la habitación, el espejo está potenciando la energía, en lugar de tener elementos Madera o Tierra que la hacen fluir sin estancarse. Es importante sacar los espejos de los dormitorios, agitan mucho la energía y nuestro descanso es peor.

7. He dejado este último comentario para el salón. La mayor parte de ellos están lo suficientemente mezclados como para que no sean un problema. Ahora

bien, al ser el espacio más «vivido», también es el lugar en el que poder regular y potenciar adecuadamente en nuestras casas la mayor cantidad de energía.

8. En aquellas ventanas por las que entre el ruido coloca carillones de viento. Cambia la mala energía de la perturbación del sonido y lo vuelve armónico y agradable.

9. Con el plano sitúate de espaldas a la puerta del salón y con la mesa delante, divide la misma en los sectores que te propongo. En cada uno de esos sectores vas a dirigir tu trabajo de atracción y ayuda.

10. Si deseas potenciar tu prosperidad y tu riqueza, coloca en el sector 1 cuatro velas encendidas de color violeta. Si, por el contrario, los negocios se encuentran en un periodo de demasiada agitación, deberías colocar un jarrón de cerámica con agua y flores.

Como ves, no es tan complicado. La lógica utilización de los elementos como complementarios, apaciguadores o potenciadores, es la clave, el único misterio. Dejo a tu propio trabajo la colocación del resto de los sectores, pero recuerda que en la medida que sepas armonizar los elementos que durante mucho tiempo te han rodeado, puedes favorecer el que las cosas, al menos, estén más dispuestas a ocurrir. Y además, por intentarlo, no sólo no vas a perder nada, sino que te prometo una tarde de risas con tu pareja, cambiando los muebles de sitio.

Unas referencias rápidas:

1. Coloca en la ventana por la que entre más ruido de la calle un carillón de viento. Los ruidos del exterior pueden distraernos consciente o inconscientemente. Colgar un carillón de viento dispersa los sonidos desagradables y los cambia por sonidos armónicos.

2. Coloca en la pared de la cocina, un espejo frente a los fogones. Aquí se reflejará el lugar donde fabricas tus alimentos, tu riqueza. Colocar el espejo, significa duplicar tu energía y poder.

3. Enciende unos minutos cada día todos los fogones de la cocina, incluso si no vas a cocinar. Encendiendo todos los fogones generas energías positivas y riqueza.

4. Asegúrate de ver claramente la puerta principal de tu casa. Energías saludables entran por la puerta principal de tu casa o de tu habitación. Incluso si tuvieras dos puertas y la principal la usaras menos, la importante es la puerta por la que entran tus invitados, tus visitantes.

5. Procura que la puerta de entrada no esté obstruida por arbustos, plantas, paragüeros, desorden u otro tipo de obstáculos.

6. Pinta la puerta principal con colores vivos. Sirve para atraer la prosperidad. Según los chinos, pintar las puertas de entrada en colores como el rojo, el naranja, el violeta o el amarillo atrae a las buenas noticias y al dinero.

7. Limpia las ventanas y reemplaza los cristales que estén rotos o con fisuras. Las ventanas de tu casa son lugares por los que circula la energía. Un cristal roto o con fisuras distorsiona la energía y produce pérdidas de la misma.

8. Coloca tu cama de manera que puedas ver con claridad la puerta de la habitación. Como había comentado antes, subconscientemente dormimos mejor cuando podemos ver la puerta de la habitación desde nuestra cama y así también quién entra y quién sale. Dentro del dormitorio no coloques espejos porque son potenciadores de la energía y tu dormitorio, es para descansar.

9. Arregla todas las fugas de agua del baño, grifos, desagües, etc. Una corriente de energía positiva se nos puede estar escapando por el desagüe, además pagarás una factura más alta del agua. Asegúrate de que el sistema sanitario y del agua esté en perfecto estado. No dejes marchar la prosperidad por la alcantarilla.

10. Enciende las luces de la casa. Las luces interiores simbolizan la energía solar que nos da la vida y, psicológicamente te rejuvenecen. Las luces medianas conservan la energía, pero las luces muy bajas limitan las energías positivas de tu casa.

11. Evita en lo posible el desorden. Especialmente en recibidores puertas y pasillos. El desorden interrumpe la circulación fluida de la energía por tu casa y puede

interferir y causar problemas de salud, de alegría y de crecimiento.

En los cursos de Feng Shui que he realizado, todos los instructores nos contaban una historia ilustrativa de cómo la colocación de los objetos podía ser definitiva en nuestro modo de vida. Con uno u otro protagonista, básicamente, era siempre la misma.

LA HISTORIA DE HOMBRE Y EL ÁRBOL

Cuentan que un hombre vivía en una casa, frente a la cual había un precioso árbol. Árbol y hombre crecieron juntos; pero una de las ramas creció tanto que, para poder entrar a la casa, el hombre debía bajar un poco su cabeza.

Con el tiempo, esta circunstancia hizo que el hombre adoptara una actitud encorvada, la cabeza inclinada hacia el pecho, casi no se podían ver sus ojos. Esta posición consiguió que la salud le fuera mermando: respiraba peor, rendía menos en su trabajo y empezó a ganar menos dinero.

Un buen día, su vecino se acercó a su puerta para regalarle unas hortalizas que había cultivado en su huerto pero, al acercarse, notó que la rama le dificultaba el paso, con lo que continuó hasta la casa del siguiente vecino, que fue al que le regaló las hortalizas.

A medida que el vecino se iba, pensó en lo poco amable y sociable que debía de ser aquel hombre ya que no se molestaba en cortar aquella rama, que impedía o dificultaba el acceso a los visitantes.

Con el tiempo, el vecindario comenzó a comentar lo desagradable del comportamiento de aquel hombre que no se relacionaba con nadie. Criticaban lo muy abandonada que estaba la casa, ya que ni siquiera habían cortado aquella rama que dificultaba el acceso a los visitantes y mantenía aislado al hombre. Poco tiempo después, le rogaron que se fuera de la aldea, ya que él y su casa eran foco de atracción de las malas energías.

Bueno, es sólo una historia que invita a la reflexión. Y todo por culpa de la «ramita» de un árbol.

Espero haberte sido útil, haciéndote interesarte por tu casa y la energía que en ella se mueve. Como dice un viejo poema:

Mi casa es mi castillo

Una nota final para los supersticiosos.

En algunas de nuestras regiones existe la vieja superstición de creer que tener un acuario, una pecera, en casa trae mala suerte.

He investigado los «porqués» de esta creencia. La referencia más antigua que he encontrado es que los alquimistas, cuando tenían que deshacerse de algún compuesto resultado de un experimento fallido, cuando la mala energía les obligaba a deshacerse de aquello, lo tiraban a los ríos o al mar. Por lo tanto, el mar recogía todas las energías negativas. No era así con los ríos, ya que estos cambian su agua constantemente.

Por tanto, tener peces en casa es como tener un poco del mar en casa, tener un acuario, y trae mala suerte.

Según mis datos, el 98% de los acuarios son de agua dulce, y el 99% de los acuarios de agua salada no son tales sino viveros de agua salada donde se mantienen vivas, bien para su reproducción, bien para su consumo, ciertas especies marinas como las langostas o los mariscos en general.

Sólo quería hacer este comentario, como cierre de este capítulo, para que aquellos que tengan la creencia de que el elemento agua no puede ser un acuario sepan que no deben preocuparse, que el acuario es un río, no un mar.

Capítulo 10

Es de bien nacidos ser agradecidos

No quisiera terminar sin agradecer a todas las personas que durante el periodo de estudio, discusión de temas e investigación de los contenidos de este libro, estuvieron presentes; a los que me ayudaron, dándome ánimos muchas noches «en blanco», o soportaron mis cambios de humor, fruto de la preocupación y de la falta de sueño.

En primer lugar, quisiera agradecer muy efusivamente a todas las personas que cito en el primer capítulo las conversaciones mantenidas con ellos y su paciencia, que fueron espléndidas (gracias a todos, menos a Einstein, Bohr y Iacocca, a los que no tengo o tuve el placer de conocer personalmente).

A todos los considero mis amigos, por haber compartido conmigo un momento tan particular de su intimidad. Gracias a cada uno de ellos.

A José Antonio Márquez, Fernando Ocaña, Jorge Arqué y José María Irisarri, por permitirme durante unos instantes meterme en «sus zapatos». Gracias, he aprendido mucho de vosotros.

A mi muy respetado y admirado amigo y maestro, el profesor Marcello Truzzi, catedrático de Sociología de la Eastern Michigan University, por ser una enciclopedia viviente.

A mi buen amigo y admirado torero Ángel Gómez Escorial, por enseñarme en «tus ojos» lo que significa intuición.

A Germán Álvarez Blanco, amigo y espléndido intuitivo. Por hablar juntos de lo mismo, sin llegar a estar de acuerdo.

A José Jiménez Latorre, por «la pregunta de la verdad».

Al doctor Alfredo González Panizo, por ser mi hermano y por haberme devuelto una parte de mí con sus opiniones.

A mi gran amigo, periodista, hombre de radio, presentador de televisión, actor, pintor, chef, gourmet (y tiene tiempo para un par de cosas más), Goyo González. Por sus tardes esperándome (nunca llegué) para tomar el café y por haber tenido el valor de leer esta obra en «papel», «recién salida del horno», en una tarde. Gracias por sus inapreciables comentarios y risas.

A Teresa Viejo, por su poesía y belleza.

A mi editora, Laura Falcó, por su confianza, y discreción.

A Pelayo Rubio, por ser la esencia de lo intangible.

A mi hermano Leopoldo, por sólo haber tenido un golpe intuitivo en toda su vida y haberle sacado «pasta».

A mi otro hermano, a Manuel Jiménez, por su callada e imprescindible labor.

A mi madre, por «conocer» a mi padre.

A mi padre, por haberme enseñado el significado de dos palabras: Lealtad y Respeto.

A mi hija Alejandra, por abrir mucho los ojos cuando vio todas las hojas del libro juntas: «¡¡Ahí va!!».

A Alfredo, porque me da la gana.

Y cómo no, y muy especialmente, a María Jiménez Latorre, mánager, agente, estilista, esposa, madre (casi) y paciente, que no sólo ha sido y es mi fundamental soporte, sino que durante varios meses se conformó con una foto mía para saber cómo era. Sin sus comentarios y sin sus correcciones diarias de esta obra no hubiera sido capaz de realizarla.

Ya termino.

Ya sabemos mirar hacia adentro y eso nos ha proporcionado una clarísima visión del exterior.

Durante este período de adiestramiento hemos descubierto que lo que hasta ahora hacíamos bien, ahora lo sabemos hacer mejor. Y lo que hacíamos mal, lo hemos dejado de hacer.

Hemos llegado al final de este libro, y me atrevería a resumir su contenido en una conclusión final:

La intuición se apoya en tres pilares básicos:

1. La información, el conocimiento, el interés serio hacia nosotros mismos y hacia el mundo que nos rodea
2. La autoestima. Sinceramente y sin ánimo de «hacerte la pelota», no tengo por qué, «TÚ VALES MUCHO»
3. Y la Decisión. Vamos, amigo, «O AHORA, O NUNCA»

A lo largo de este libro has aprendido a desarrollar una serie de habilidades que te han enseñado o han hecho crecer dentro de ti sensaciones y sentimientos de respeto, interés por ti mismo y por el mundo que te rodea. Has aprendido, en una palabra, a quererte a ti mismo. Realmente tu nivel de autoestima ha mejorado muchísimo.

Seriedad, responsabilidad e interés se traducen, en las personas que lo practican, en respeto y éxito. Sabes cómo incrementar y medir tus fuerzas y eres totalmente consciente de que tus fuerzas dependen de lo dispuesto que estés a trabajar con tus cinco sentidos para lograr tus propósitos, tus objetivos.

De la medida de tus fuerzas depende todo y, por eso, tampoco olvides que «nadie es imprescindible», nunca se tiene «todo hecho». Por tanto, **MIDE TUS FUERZAS, Y LÁNZATE A LA VIDA.** Sólo tenemos una y es maravillosa.

TE JURO QUE, DE VERDAD, MERECE LA PENA SACARLE «CACHO» A LA VIDA.

Felicidad, respeto, y éxito están al alcance de nuestra mano, ¿vas a dejar pasar la ocasión? El poder y la capacidad de ser líder que llevas en ti adquiere especial importancia, para bien o para mal, si no lo sabes usar, pero **¡¡TÚ YA SABES!!** Si te dejas guiar por esta influencia, descubrirás tu capacidad para obtener respeto y reconocimiento en algún área particular de tu vida. Con la mente clara y la confianza en ti mismo te vuelves más receptivo al éxito. La autoestima es la clave para conseguir lo que quieras.

Desarrollando tu intuición, adelantándote al futuro, viviendo e imaginando de qué manera deseas vivir, serás capaz de crear las condiciones para un futuro de crecimiento y prosperidad.

SI TÚ NO ESTÁS, NADA EXISTE.

EL ÚNICO FUTURO IMPORTANTE ES:
TU FUTURO

Y EL FUTURO, ES HOY.

Por cierto, recuerda que:

TODO ESTE LIBRO, HA SIDO PRODUCTO
DE TU IMAGINACIÓN.

Y NO LE DES MÁS VUELTAS,
NO TIENE SENTIDO.

Guía práctica para los «sin tiempo para leer»

Si después de todo el libro «no tienes tiempo para practicar», intenta al menos hacer alguna de estas cosas que te cuento como despedida.

- Cambia la ruta habitual para ir a tu casa.

- Cambia de lugar de desayuno.

- Cambia de quiosco de vez en cuando.

- Cambia de sitio los objetos de tu lugar de trabajo.

- Si al mediodía vas a casa a comer, cámbiate de ropa y usa otra diferente para la tarde.
- Cuando critiques a alguien, trata de encontrar

un motivo para justificar el motivo de la acción que criticas. Elimina tu juicio e intenta comprender que podrías tener otra opinión desde otro punto de vista diferente.

- Intenta ponerte cinco minutos al día en la piel de otro, no juzgues, trata de sentir lo que la otra persona puede estar sintiendo.

- Escucha cuando te hablan, entérate de lo que te dicen.

- Tus decisiones serán más firmes, cuanta más información tengas al respecto, ¡¡ESTUDIA!!

- Juega con tu memoria y ponla a prueba; sólo por jugar.

- Intenta conseguir, al menos, sólo cinco minutos al día para estar a solas contigo.

ÍNDICE

José Luis González Panizo, conocido artísticamente como ANTHONY BLAKE, es un estudioso del mundo psíquico, esotérico y paranormal. Médico y miembro de la P.E.A. (Psychic Entertainers Association), ha realizado innumerables cursos de control mental.

Ha trabajado en radio, prensa escrita y cine, así como para la televisión de diversos países. Gracias a sus asombrosas técnicas, muchos de estos programas han alcanzado grandes cuotas de audiencia. Asimismo, teatros de todo el mundo (Estados Unidos, Sudamérica, España...) han acogido sus espectáculos.

En la actualidad, tanto los medios de comunicación del sector como los grandes profesionales del mundo de la magia lo sitúan entre los diez mejores mentalistas del mundo.

TU ORIENTADOR PERSONAL